ENEAMIND

MARCOS TROMBETTA

ENEAMIND

COMO CONSTRUIR UMA NOVA REALIDADE COM O PODER DA SUA MENTE

Nova Petrópolis/RS - 2020

Capa e projeto gráfico: Revisão:
Gabriela Guenther Rebeca Benício

Dados Internacionais de Catalogação na Publicação (CIP)

T849e   Trombetta, Marcos.
           Eneamind : como construir uma nova realidade com o poder da sua mente / Marcos Trombetta. – Nova Petrópolis : MAP - Mentes de Alta Performance, 2020.
           216 p. ; 23 cm.

           ISBN 978-65-88485-02-6

           1. Autoajuda. 2. Desenvolvimento pessoal. 3. Mindset. 4. Poder da mente. 5. Pensamento. 6. Eneagrama. I. Título.

CDU 159.947

Índices para catálogo sistemático:
1. Autoajuda   159.947

(Bibliotecária responsável: Sabrina Leal Araujo – CRB 8/10213)

Todos os direitos reservados. Nenhuma parte desta obra pode ser reproduzida ou transmitida por qualquer forma e/ou quaisquer meios (eletrônico ou mecânico, incluindo fotocópia e gravação) ou arquivada em qualquer sistema ou banco de dados sem permissão escrita da Editora.

Luz da Serra Editora Ltda.
Avenida Quinze de Novembro, 785
Bairro Centro - Nova Petrópolis/RS
CEP 95150-000
livros@luzdaserra.com.br
www.luzdaserra.com.br
www.loja.luzdaserraeditora.com.br
Fones: (54) 3281-4399 / (54) 99113-7657

SUMÁRIO

Introdução	9
Capítulo 1 - Os três passos para vencer na vida	13
Capítulo 2 - Os sete níveis da consciência	27
Capítulo 3 - De onde vêm os seus resultados?	41
Capítulo 4 - O Eneamind	75
Capítulo 5 - As nove mentes	93
Capítulo 6 - Como começar a transformação	133
Capítulo 7 - Entendendo as faculdades mentais	139
Capítulo 8 - O processo de transformação	145
Capítulo 9 - A vida perfeita	153
Capítulo 10 - A fórmula da criação	159
Capítulo 11 - Psicocibernética	167
Capítulo 12 - Caderno dos objetivos	183
Capítulo 13 - Metas claras	187
Capítulo 14 - Seis passos para a realização de objetivos financeiros	193
Capítulo 15 - A Lei da Atração e a materialização dos objetivos	203
Conclusão	211
Sobre o autor	213

PARA QUEM O **ENEAMIND** É INDICADO?

- Para quem já leu livros, assistiu a muitos vídeos e seminários, fez cursos, participou de formações, sessões de coaching, mentorias, treinamentos até mesmo fora do Brasil, faculdade, pós-graduação, e mesmo assim a vida não muda.

- Para quem a vida está uma completa bagunça e está totalmente perdido em relação ao que deve fazer e não aguenta mais essa situação.

- Para quem se esforça, mas não vê a vida mudar. Ela está sempre em círculos, sempre com os mesmos resultados; e quando muda, é bem superficial, logo volta à estaca zero e se vê sempre no mesmo lugar.

- Para quem a vida até está boa e confortável, mas ainda assim sente que falta algo; sente que ela não é plena e que pode melhorar ainda mais.

INTRODUÇÃO

A primeira coisa que eu quero lhe dizer neste livro é: **PARABÉNS!**

Sim, parabéns! Só por você ter tomado a decisão de embarcar nesta leitura, eu já sei que se trata de uma pessoa diferenciada, que está em busca de conhecimento e compreensão sobre si mesma, seus medos e seus resultados.

E mais do que isso! Sei que você está disposto a mudar a sua realidade, a se superar, buscar novos horizontes, superar seus limites e ir ainda mais longe.

Eu escrevi este livro com o objetivo puro e sincero de transformar a sua vida. Ou melhor, de lhe mostrar o caminho para fazer isso, afinal, a transformação da sua vida é algo que você tem que fazer sozinho.

Infelizmente, a verdade é que a maioria das pessoas não consegue fazer isso. Quando chega a hora de enfrentar seus medos, elas simplesmente travam. Isso quando ao menos sabem reconhecê-los!

O que você vai encontrar nas próximas páginas é uma explicação completa de como a sua mente funciona, como moldou as suas crenças ao longo do tempo, formando assim a sua personalidade.

Ou seja, a sua personalidade nada mais é do que a manifestação física das suas crenças; é a maneira como podemos enxergar de que forma os seus paradigmas moldaram a sua mente, os seus sentimentos, as suas emoções e seu jeito de agir e interagir com o mundo.

Ao compreender isso, você também vai entender por que faz o que faz, e não o que diz que vai fazer.

Para conduzi-lo nesse caminho de autoconhecimento, vou usar técnicas do Eneamind, um método que criei com base nos nove poderes mentais do Eneagrama.

Mais do que uma metodologia, o Eneamind é uma filosofia de vida que pode ser aplicada por qualquer pessoa que queira ser o arquiteto da própria vida!

Através dessa técnica, você vai descobrir seus medos primordiais, que começaram a se formar ainda na infância, e também vai conhecer seus desejos e aspirações.

Mas atenção! Este não é um livro comum, daqueles que você pega, se senta confortavelmente numa poltrona e lê do início ao fim uma vez só e pronto.

Ah, não! Este é um livro que você vai ter que ler muitas vezes. E de maneira ativa. Porque ele está cheio de exercícios e práticas que você vai precisar implementar se realmente estiver disposto a transformar a sua vida.

Eu sou a prova viva de que tudo isso funciona. Nada do que está escrito aqui é apenas teoria para mim. Esses são os preceitos e as práticas que eu venho seguindo na minha vida há mais de 10 anos e que me permitiram ter a vida abundante e realizada que tenho hoje.

Por 15 anos eu trabalhei no garimpo de pedras. Era um trabalho duro, com jornadas extenuantes, muito esforço e remuneração absurdamente baixa. Certa vez, trabalhei um ano inteiro para ganhar 3.200 reais. Veja bem, esse não era o salário mensal! Esse foi o valor que eu ganhei no *ano inteiro.*

Durante todo esse tempo de garimpeiro, sofri vários acidentes. Dois deles foram muito graves, envolveram choque elétrico e detonação de explosivos. Em outro momento, os tendões do meu ombro esquerdo se dilaceraram. Perdi muito da minha força, e a dor era quase insuportável. Ainda assim, segui trabalhando por dois anos com o ombro machucado. Eu realmente achava que precisava daquilo. Até que um dia não aguentei mais.

Foi então que um amigo me emprestou o DVD do filme *O segredo.* Eu fiquei fascinado por aquele conteúdo e cheguei a comprar o livro, mas acabei largando tudo de lado.

Em 2009, me formei em Letras e logo comecei a trabalhar num colégio como professor de inglês. Até que, em 2010, me lembrei daquele livro e finalmente o peguei para ler. Uma passagem chamou muito a minha atenção. Dizia que 1% da população mundial ganha 96% de todo o dinheiro que existe no mundo. São pessoas programadas para ser assim, porque conhecem o segredo.

Mais tarde, eu vi uma chamada sobre o livro que tinha inspirado Rhonda Byrne a escrever *O segredo*. Era *A ciência de ficar rico*, de Wallace D. Wattles. E Bob Proctor havia gravado um seminário com o mesmo nome. Consegui comprar o DVD do seminário e ali encontrei todas respostas que precisava para a minha vida.

Eu apliquei tudo o que aprendi, e hoje posso dizer, com orgulho, que tenho muito mais do que antes imaginava que seria possível.

Se funcionou para mim, sei que vai funcionar para você também. Tudo o que você precisa é ter determinação e perseverança.

Pegue um caderno, caneta, e mãos à obra.

Boa leitura!

Capítulo 1

OS TRÊS PASSOS PARA VENCER NA VIDA

Se você está lendo este livro, é porque a sua vida hoje não está exatamente do jeito que você gostaria. Talvez você esteja passando por uma situação financeira ruim, trabalhe em algo que não gosta, esteja com dívidas. Ou talvez esteja sozinho ou mesmo num relacionamento fracassado e queira encontrar um amor de verdade. Pode ser também que o problema seja a sua saúde. Você pode estar enfrentando doenças físicas, como uma gastrite, dores na coluna, ou um câncer, ou mesmo doenças psicológicas, como distúrbio de ansiedade, *burnout* ou depressão.

Não importa a sua motivação. O fato é que você precisa urgentemente fazer uma transformação na sua vida.

E, para que isso aconteça, você vai ter que dar três passos.

Passo 1: TOMADA DE CONSCIÊNCIA

O primeiro passo para você vencer na vida é a tomada de consciência.

> **TOMAR CONSCIÊNCIA É DESPERTAR PARA UMA REALIDADE QUE ATÉ ENTÃO VOCÊ NÃO SABIA QUE EXISTIA.**

É quando você desperta para alguma coisa, se torna consciente.

Meu foco com este livro é fazer com que você acorde e entenda que existe, sim, um mundo que talvez você ainda não conheça.

A PRIMEIRA GRANDE VITÓRIA QUE PODEMOS TER NA VIDA É NOS TORNARMOS CONSCIENTES DE COISAS QUE NEM SABÍAMOS QUE EXISTIAM.

Algumas verdades têm o poder de transformar a sua vida para sempre.

Passo 2: DESEJO ARDENTE

O segundo passo é desenvolver o desejo ardente, uma vontade muito forte de conquistar um objetivo.

Espero que, neste momento, seu objetivo seja a transformação de vida, a mudança. Espero que você esteja desejoso de um novo caminho.

Se você ler este livro sem o desejo ardente da mudança no seu coração, de nada vai adiantar. Porque é o desejo que nos coloca em movimento e nos faz superar e ir em frente quando todos os outros desistiriam.

Vamos falar muito de objetivos neste livro. E de paradigmas. Você precisa estar disposto a mudar os seus paradigmas para alcançar os seus objetivos. E isso só será possível se você for capaz de despertar em si um desejo ardente.

Passo 3: SUPERAÇÃO DO MEDO

Depois de promover mais de 30 treinamentos online, descobri que o verdadeiro empecilho na vida de todo ser humano é o medo.

E a única forma de enfrentá-lo é o entendendo. O que é o medo? De onde ele vem? Qual é a sua origem?

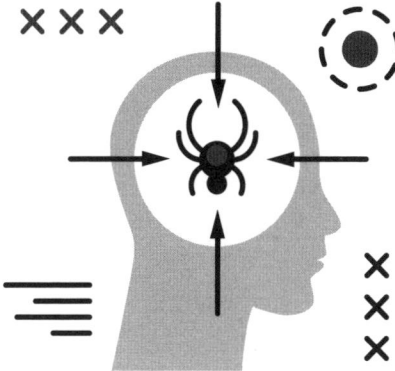

Pense num jogo de videogame. Sempre tem aquele momento de enfrentar o grande vilão. Você só zera o jogo se matar o "chefão", não é assim? Mas como você pode matá-lo? Você precisa conhecê-lo, entender seus pontos fracos.

Com o medo é a mesma coisa. Você precisa entender como ele funciona para superá-lo.

Esses três passos fazem parte do processo de entendimento, que é o que verdadeiramente tem o poder de transformar a sua vida.

Você já deve ter percebido que existe um movimento acontecendo no mercado de desenvolvimento pessoal e coaching. As pessoas vão a treinamentos ao vivo, seminários, palestras, e lá são estimuladas a pularem, gritarem, dizerem:

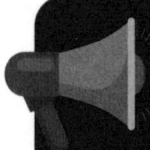

"EU CONSIGO, EU SOU CAPAZ, EU SOU VENCEDOR".

Isso é motivação. E, sim, a motivação é ótima. É o que nos coloca em movimento, o que nos inspira a querer mudar. Mas, sozinha, a motivação não faz milagre. Por si só, não é suficiente para transformar a sua vida.

Somente o entendimento é capaz de fazer isso. E o entendimento nasce do estudo e da prática.

De nada adianta só estudar, sem aplicar o que aprendeu no seu dia a dia. E de nada adianta sair aplicando qualquer coisa, sem estudar, sem ter uma base.

Por isso, preciso insistir que você tenha um caderno, que leia e releia este livro, estude e faça todos os exercícios. Isso é importante se você quiser mesmo mudar a sua vida.

Você precisa de entendimento. Precisa aprender a pensar!

Todo mundo pensa?

Você pode ficar surpreso com essa informação, mas nem todo mundo pensa.

Na verdade, a grande maioria das pessoas – 95%, para ser mais preciso – prefere morrer a pensar.

Dos 5% restantes, 3% acham que pensam, e somente 2% pensam de verdade.

Você agora precisar tomar a decisão de passar para o grupo das pessoas que pensam de verdade.

Mas o que seria isso?

Pensar de verdade é questionar as coisas que colocaram em sua mente e que você tomou por verdades absolutas. Você deve começar a refletir por outro ângulo e elevar o seu pensamento.

Para começar, vamos responder a pergunta mais importante de todas.

Quem somos nós?

Somos verdadeiramente pequenos? A vida é feita para "acontecer" para nós? Estamos aqui com tudo já programado? Estamos aqui para quê?

> **A VERDADE É QUE NÓS SOMOS SERES ESPIRITUAIS VIVENDO EXPERIÊNCIAS FÍSICAS.**

Acredite em mim: você não é o reflexo que vê no espelho. Essa é a primeira grande crença que precisa mudar. Você é muito mais do que isso. Você é um ser espiritual, um ser de pura luz, e está aqui na Terra única e exclusivamente para vencer.

Deus nos fez à sua imagem e semelhança, e nada do que Deus faz é pela metade ou para dar errado. Então, você foi feito para dar certo. Se hoje as coisas não estão dando certo em sua vida é porque você não sabe quem é de verdade.

Dentro de cada um de nós existe uma centelha divina, porque fomos feitos à imagem e semelhança de Deus. O problema é que, quando eu digo isso, talvez ainda haja uma enorme confusão na sua mente. Entenda: Deus não é igual a nós; nós somos iguais a Ele.

Deus não tem um corpo físico. Deus é luz, amor, pura energia. E a energia apenas é; apenas existe. Ela não tem forma, mas é o que dá vida ao nosso corpo.

E o corpo, essa forma que você vê no espelho, não é você. Nosso corpo funciona apenas como um veículo aqui na Terra. Ele existe para abrigar nosso verdadeiro ser, a essência, a centelha divina que carregamos dentro de nós.

Quem escreve este livro para você nesse momento é o meu corpo. Ele faz o movimento de digitar. Mas a ideia vem do espírito. Quando coloco as palavras no papel, é o meu espírito falando com o seu. E, quando seus olhos leem, é o seu espírito que entende. Então, o que está acontecendo de fato neste exato momento é que o Deus que habita em mim está se comunicando com o Deus que habita em você.

Portanto, o que é feito à imagem e semelhança de Deus, não é o nosso corpo, mas o espírito, essa força, essa energia, vitalidade, a nossa essência.

Quando o corpo padece e nós morremos, o espírito que nos deu a vida abandona o corpo.

Então, por mais que você sempre tenha acreditado que era o reflexo que via no espelho, entenda que você é muito mais do que isso.

Comece a pensar em si mesmo como um ser poderoso, um ser de luz, de pura energia.

Somos seres espirituais vivendo grandes experiências físicas aqui na Terra e é importante aproveitarmos ao máximo essas experiências. Cada coisa que você pode viver, cada conquista, é uma vitória para o ser que habita em você, para essa centelha divina.

> *VOCÊ NÃO É PEQUENO, NÃO ESTÁ AQUI PARA DAR ERRADO.*
>
> *VOCÊ É GIGANTE E FOI CRIADO PARA DAR CERTO.*

Então nós somos energia?

Tudo é energia!

É muito importante entender esse conceito, pois ele vai lhe ajudar a crescer como ser humano, a conquistar grandes coisas e expandir sua consciência.

Tudo o que existe no mundo é feito da mesma energia: o frio e o calor; o sólido, o líquido e o gasoso; o gelo, a água e o vapor.

A única coisa que muda é o nível de vibração da energia. A imagem a seguir representa esses níveis:

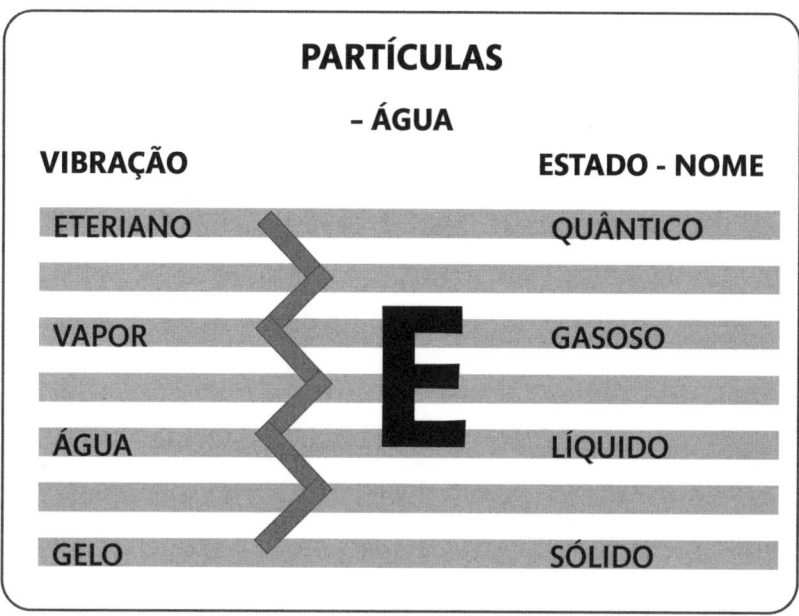

Embora na imagem os níveis estejam representados pelas linhas horizontais, na verdade não existe separação entre eles. É como olhar para o arco-íris: você percebe cada uma das cores, mas não dá para dizer exatamente onde uma começa e a outra termina.

O mesmo acontece com os níveis de vibração da energia. A linha inferior, a mais abaixo de todas, vibra numa frequência menor, que vai subindo um pouco a cada linha.

Tudo o que você pode ver é feito de energia. Este livro que você tem agora nas mãos e que parece sólido, não é sólido de verdade. Ele é feito de pura energia.

Mas então por que a diferença no estado das coisas? Por causa da velocidade da vibração da energia dentro do átomo. Essa velocidade é que determina o nível de vibração. Quanto maior o nível de vibração, menos sólidas e menos visíveis as coisas se tornam.

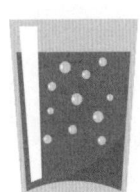

Para exemplificar melhor isso, vamos usar o exemplo da água.

A água é composta por duas partículas de hidrogênio e uma partícula de oxigênio (H_2O).

Mas e o gelo? O gelo também tem a mesma composição. Não muda nada. A única diferença é que, no gelo, a velocidade de vibração da energia está reduzida a praticamente zero. Quer dizer que o gelo não vibra? Vibra, sim, claro. Mas é uma vibração muito menor.

É isso que acontece quando você esfria o átomo, você diminuiu a rotação e o pulso, reduzindo assim a velocidade de vibração e criando o estado sólido.

Portanto, o gelo é a partícula de água com a velocidade de vibração reduzida a praticamente zero.

Ora, se a água pode virar pedra, uma pedra pode virar água?

Sim, a pedra pode virar líquido. Basta olhar o que acontece dentro do vulcão.

Mas, para continuarmos com o exemplo da água, o que acontece se colocarmos o gelo na panela e aquecer? Ele derrete. Vira água. Não muda a estrutura, não muda a matéria. A única diferença é que, por meio do calor, você aumentou a velocidade da vibração. E agora temos o estado líquido.

E o que acontece se continuamos a aquecer essa água? Já viu uma panela fervendo? A água lá dentro se "mexe". Começa a se mover porque as partículas estão acelerando, e quando a temperatura chega a 100 graus, começa a sair vapor. Ou seja, a matéria muda de estado novamente e passa para o gasoso.

E o que acontece se continuamos aquecendo esse vapor? Ele desaparece, passa para o nível etéreo. Vai para o éter.

O éter é onde funcionam o seu celular e a internet, é onde a luz do sol é transmitida. É o campo unificado da Matriz Divina. Não o enxergamos, mas sabemos que ele existe.

É também no éter, no nível quântico, que estão os seus pensamentos.

Sim, seus pensamentos são coisas como quaisquer outras; são pura energia. Essa informação tem o poder de impactar e transformar a sua vida. Quanto maior o nível de vibração do seu pensamento, mais poderoso você se torna.

Agora, é possível materializar algo que está no nível quântico? Claro que sim! Voltemos ao exemplo da água. Você já não viu várias vezes o vapor se condensando por causa do frio? É assim que se formam as nuvens e a neblina.

Logo, se o seu pensamento está no nível quântico e se é possível materializar o que está no nível quântico, é possível materializar os seus pensamentos. E, na verdade, você já faz isso o tempo todo. Só que da maneira errada.

Para você crescer como ser humano e transformar a sua vida, precisa elevar o nível da vibração dos seus pensamentos. Você precisa elevar o seu nível de consciência.

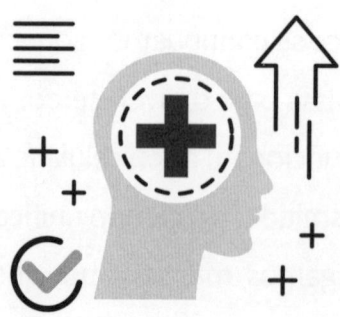

Capítulo 2

OS SETE NÍVEIS DA CONSCIÊNCIA

Agora que você já entendeu como funciona a matéria e que tudo é feito da mesma energia, inclusive os seus pensamentos, é hora de entender os níveis de consciência.

Nível de consciência é o nível em que a pessoa opera, pensa, age e interage com o mundo.

Toda a realidade que você vê hoje na sua vida é consequência do nível do seu pensamento. Assim como a água, nosso pensamento pode estar em níveis muito baixos ou muito altos.

> **ENTENDER EM QUE NÍVEL DE CONSCIÊNCIA VOCÊ ESTÁ HOJE É O PRIMEIRO PASSO PARA COMEÇAR A TRANSFORMAR A SUA VIDA.**

1. NÍVEL ANIMALESCO

É fácil reconhecer alguém que opera no nível animalesco. São pessoas que simplesmente reagem a tudo que lhes acontece.

Se você encontra uma pessoa no nível animalesco, percebe que ela está numa situação difícil e tenta fazer uma sugestão para ajudá-la a melhorar – como indicar este livro, por exemplo – verá a reação dela. Provavelmente dirá coisas como:

– Ah, vai se ferrar! O que você acha que sabe da minha vida? Quer me ajudar a mudar a minha vida? Então me dá 5 mil para eu pagar as minhas contas!

Ele não responde, simplesmente reage. É o tipo de pessoa que aponta o dedo e encontra culpados para a situação de vida em que está. O governo é culpado, o pai, o pastor, o padre, o prefeito... todo mundo, menos ela.

Se você oferecer este livro a um sem-teto, por exemplo, dizendo a ele que aqui está o conceito da riqueza, muito provavelmente ele vai dar com o livro na sua cabeça.

Mas não pense que apenas as pessoas em situação de extrema miséria, que vivem na rua, estão nesse nível. Você provavelmente tem muitos parentes e amigos no nível animalesco.

Se você está lendo este livro, é quase certo que já não se encontra mais nesse nível, que eu chamo de "nível do porco". Mas lhe convido a fazer uma reflexão: analise o seu comportamento e reflita quantas vezes no seu dia a dia você desce para o nível do porco. Você briga, discute, argumenta. E quantas vezes você não procura culpados?

> *SE QUISER MUDAR O NÍVEL DO SEU PENSAMENTO, PRECISA PARAR DE REAGIR E ASSUMIR A RESPONSABILIDADE PELA SUA VIDA.*

2. NÍVEL DE MASSA

O segundo nível de pensamento é aquele em que a pessoa segue a multidão. Se todo mundo está indo numa direção, mesmo que seja para cair do precipício, ela vai junto. É uma seguidora.

As pessoas que estão no nível de massa não pensam no que estão fazendo. Elas repetem o que todo mundo faz, simplesmente porque "sempre foi assim".

Posso ilustrar isso muito bem com o comportamento da cidade onde eu moro. Aqui na minha cidade, no interior do Rio Grande do Sul, se você precisar comprar um quilo de arroz ao meio-dia, vai morrer de fome. Às 11h45, todas as lojas da cidade fecham para o almoço. E por quê? Simplesmente porque é o que todo mundo faz. Ninguém pensa em fazer diferente. Ninguém pensa: "Eu não vou fechar ao meio-dia".

Da mesma forma, fico admirado quando saio daqui e vou a uma cidade grande dar palestra. Eu vou a São Paulo, Porto Alegre, Curitiba, e o comportamento é sempre o mesmo: das 18h às 21h, não dá para andar na rua. É o que chamam de momento de pico.

E você já pensou em ir almoçar no shopping ao meio-dia? Impossível. Está todo mundo lá almoçando. E você pergunta para as pessoas: "Você está com fome?", e elas nem sabem, nem pensam se estão com fome. Elas apenas vão, porque "é o horário de almoço".

E o que acontece às 17h? Todo mundo para a rua, porque é hora de ir para casa. Trânsito, engarrafamento, ninguém consegue se deslocar.

Isso é o pensamento de massa. Ninguém ousa pensar diferente. Ninguém diz: "Ah, a minha loja vai abrir e fechar mais tarde" ou "Eu vou almoçar depois para pegar o restaurante mais vazio". As pessoas simplesmente seguem a multidão, fazem o que todos fazem.

Assistem à novela, torcem pelo futebol, vão ao boteco... porque todos estão fazendo isso. Mas isso é uma programação mental, é preguiça de pensar.

Você tem que pensar! Não precisa fazer o que os outros fazem. Não mais!

3. NÍVEL ASPIRACIONAL

O nível aspiracional é o nível a que você chega quando se dá conta de que existe um pensamento de massa.

É quando a pessoa olha tudo o que está acontecendo ao seu redor e pensa: "Tem que existir algo maior". Ela começa a olhar para aquela mesma situação todos os dias, levantando-se no mesmo horário, fazendo o mesmo percurso e no final do mês conseguindo os mesmos resultados, e se questiona: "Não, deve existir um caminho melhor. Deve haver outra saída".

> **A PESSOA NO NÍVEL ASPIRACIONAL COMEÇA A DESEJAR ALGO MAIOR PARA A SUA VIDA.**

Acredito que, se você está lendo este livro, é porque está nesse nível, já começou a desejar algo maior. Você já se deu conta de que deve existir um caminho, uma forma de conseguir uma vida melhor. E está aqui nessa busca.

Nesse nível, a pessoa ainda está na multidão, mas começa a desejar algo diferente. Passa a estudar, buscar novas informações, conhecer pessoas diferentes. E, pouco a pouco, começa a evoluir. O que essa pessoa está fazendo é elevar o nível da vibração do seu pensamento. E é assim que se passa para o próximo nível.

4. NÍVEL INDIVIDUAL

Quando chega nesse nível, a pessoa começa a pensar. Ela faz planos, monta estratégias, traça metas e acredita que é possível conquistá-las. Começa a imaginar, a usar suas faculdades mentais.

Talvez você diga a si mesmo pela primeira vez: "Não. Eu não nasci predestinado. Não sou obrigado a cumprir um destino. Posso, sim, conquistar uma vida melhor".

E aí você começa a buscar esse caminho e se organizar, a colocar as coisas no papel, ter visão clara do que quer. Mas, para conquistar seus objetivos, ainda vai precisar passar para o próximo nível.

5. NÍVEL DA DISCIPLINA

Pronto! Chegamos ao nível em que a maioria das pessoas falha. Esse é o ponto máximo ao qual a maioria das pessoas consegue chegar. Daqui quase ninguém passa.

A pessoa que está nesse nível segue suas ideias, faz o que acredita.

Quando comecei a desejar algo novo, aspirar e buscar, um dia encontrei a possibilidade de trabalhar pela internet. Quando comecei a pensar sobre isso, não tive nenhuma dúvida de que era possível. Porém, quando comentei com algumas pessoas, elas acharam que eu estava maluco.

Esse foi um ponto crucial. Eu poderia ter desistido quando me disseram que era loucura. Mas eu fui para cima. Comecei a estudar, fazer cursos, planejar. Só que apenas isso não basta. É preciso algo muito maior: ter disciplina e seguir seus pensamentos. Foi o que fiz. Eu segui as minhas ideias e fiz acontecer. Criei meu blog, escrevi meus e-books, criei meu canal no YouTube, comecei a gravar vídeos...

Agora, é todo mundo que faz isso? Não! A maioria não faz. E por quê? Porque existe um preço a se pagar: ser disciplinado exige que você faça coisas que não está habituado a fazer.

> **EXISTEM DUAS DORES NA VIDA, E VOCÊ VAI TER QUE PASSAR POR UMA DELAS: A DOR DA AUTODISCIPLINA OU A DOR DO ARREPENDIMENTO.**

A dor da autodisciplina é a capacidade de dar um comando a si mesmo e segui-lo. É dizer que vai fazer alguma coisa acontecer e fazer mesmo, sem que ninguém possa lhe impedir. Quando você é autodisciplinado, não tem pai, mãe, marido e filho que lhe impeçam.

Bob Proctor tem uma frase de que eu gosto muito que diz:

"Se eu quiser ser livre, preciso ser eu mesmo."

Mas ser você mesmo não é ser quem sua esposa ou seu marido acham que você deve ser; nem é ser quem seus filhos acham que você deve ser; ou o que a sociedade acha que você deva ser. Se você quer ser livre, precisa ser você. Precisa saber o que quer conquistar e pagar o preço da autodisciplina para conquistar isso.

Quem não assume o compromisso de passar pela dor da autodisciplina tem que viver com a dor do arrependimento. E eu quero que você faça um teste: convide uma pessoa da sua família ou um amigo, alguém que tenha mais ou menos 80 anos, para almoçar, jantar ou tomar um café. Durante esse encontro, peça que essa pessoa fale da vida dela. Você vai perceber que a grande maioria dos comentários é sobre as coisas que ela não fez e sobre como se arrepende de não ter feito o que queria.

Esse é um nível crucial para a sua evolução. Se você ler este livro, mas não tiver disciplina para fazer o que vou lhe ensinar, para reler quantas vezes forem necessárias e praticar os exercícios, não adianta, pois você não vai transformar a sua vida.

Por outro lado, quando você se torna uma pessoa disciplinada e faz o que tem que ser feito, começa a passar para um nível muito elevado de pensamento.

6. NÍVEL DA EXPERIÊNCIA

Infelizmente são poucas as pessoas que superam o nível da disciplina e chegam ao nível da experiência.

Quem está nesse nível vive o que pensa.

Hoje eu vivo o que penso, vivo o que idealizei. Eu tenho uma ideia e a coloco em prática. Este livro que você tem em mãos é um ótimo exemplo disso. Um dia eu tive a ideia de escrevê-lo, porque, com ele, poderia transformar vidas. Eu decidi que seria feito. E agora aqui está você lendo!

Se você começa a pensar, tem suas próprias ideias, tem coragem de segui-las e paga o preço da autodisciplina, sem dúvidas terá resultados. Você vai começar a viver o que pensa. Você vai ter ideias, vai criar imagens em sua mente e vai materializar isso em sua vida.

Esse é o nível da experiência.

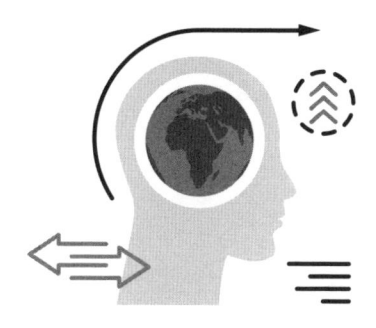

7. NÍVEL DA MAESTRIA

Depois que você persiste por muito tempo, muitos anos, no nível da experiência, chega ao nível da maestria.

A pessoa que chega a esse nível controla a si mesma. Ela não reage, ela responde.

Você está reagindo ou respondendo ao que lhe acontece? Quando você reage, entrega o poder da sua vida nas mãos de outra pessoa, que começa a dominar você. Quando você responde, o controle está e sempre estará em suas mãos.

Diz uma lenda que uma vez um discípulo chegou para o mestre e perguntou:

— Mestre, qual é o segredo da sabedoria?

E o mestre disse:

— O segredo da sabedoria é nunca discutir com idiotas.

E o discípulo rebateu:

— Não, mestre. Eu não acredito que seja só isso o segredo da sabedoria.

E o mestre disse:

— Você está certo.

A PARTIR DE **HOJE**, COMECE A APLICAR EM SUA VIDA O SEGREDO DA SABEDORIA. NÃO DISCUTA COM IDIOTAS. NÃO REAJA A TUDO O QUE LHE ACONTECE. COMECE A **PENSAR DE VERDADE** E A ANALISAR AS COISAS.

@marcos.trombetta
ENEAMIND

Agora que você conhece os sete níveis de consciência, reflita e responda:

Em relação ao que acontece em sua vida hoje, qual é o seu nível de consciência? Como você está interagindo com o mundo hoje? Está no nível animalesco, de massa, aspiracional, individual, de disciplina, de experiência ou de maestria?

Diante das coisas que lhe acontecerem a partir de hoje, questione-se: estou reagindo ou respondendo?

Como o ser especial de luz que é, você está aqui para evoluir e para entender quem é de verdade.

Para isso, você vai usar os três princípios do Eneamind: *lembrar*, *observar* e *questionar*. Mais adiante vamos aprofundar esses conceitos, mas quero que você coloque desde já essas três palavras na sua mente.

Você precisa se *lembrar* de quem é e de tudo o que está aprendendo aqui.

Você precisa *observar* a si mesmo.

Você precisa *questionar* se está reagindo ou respondendo.

Se fizer isso, toda a sua vida vai se transformar.

Capítulo 3

DE ONDE VÊM OS SEUS RESULTADOS?

Agora que você já conhece o seu nível de pensamento, é hora de entender de onde vêm os seus resultados. Por que temos a vida que temos? Por que não conquistamos o que desejamos de verdade?

Para compreender isso, você antes precisa entender que nosso mundo exterior é o reflexo do nosso mundo interior. O mundo que você vê fora, o que você enxerga, é o reflexo daquilo em que você acredita.

Uma pessoa que acredita que no mundo só existe pobreza e escassez, vai ter exatamente isso na sua vida. Se uma pessoa acredita que no mundo só tem bandido, criminoso, assaltante, é exatamente o que ela vai ver em seu dia a dia.

Cada um de nós vê o mundo de um jeito. Hoje eu vejo o mundo com total abundância. O que percebo é que no mundo só existe abundância e oportunidades. Mas houve uma época em que eu só via crise, dificuldade. E não por coincidência, a minha vida financeira era terrível, eu mal tinha dinheiro para comer, vivia cansado, trabalhava muito duro no garimpo.

Isto é uma verdade absoluta para mim, para você e para qualquer pessoa, e não podemos fugir dela: o mundo que você vê, os relacionamentos que tem, sua situação financeira e suas condições de saúde estão sempre de acordo com o que você tem no seu mundo interior. A partir de hoje, você tem que ter consciência disso e dizer a si mesmo que é o único responsável pelo mundo em que vive.

Quando eu trabalhava no garimpo, via aquele mundo ao meu redor porque aquele era o mundo que estava na minha mente.

Mas como isso se formou? Em que momento começamos a construir nossa história de vida? Por que vemos o mundo do jeito que vemos?

A resposta é mais simples do que você imagina.

> **O MUNDO QUE VEMOS É O REFLEXO DAQUILO EM QUE ACREDITAMOS. ENTENDA: VOCÊ NÃO ACREDITA NAQUILO QUE VÊ. É O CONTRÁRIO: VOCÊ VÊ AQUILO EM QUE ACREDITA.**

Veja bem, não estou dizendo que quando você mudar as suas crenças, aquela montanha linda na frente da sua casa vai desaparecer. Ela não vai. Mas muitos dos problemas que hoje parecem montanhas na sua vida vão desaparecer, sim. Sua vida financeira vai mudar, seus relacionamentos vão mudar, tudo vai mudar quando você mudar seu mundo interior.

Tenha isto claro e fixo em sua mente: quando você muda, todo o seu mundo muda.

Mas, se você quer mesmo mudar a sua mente, precisa entender como ela funciona. De onde vieram nossas crenças? Por que acreditamos no que acreditamos?

Por que você acredita no mundo de um jeito e eu de outro? Por causa dos nossos paradigmas. Os paradigmas são a resposta para todos os problemas e questões que temos em nossa vida.

São eles que ditam a nossa realidade e os resultados que temos em todas as áreas da vida — financeira, relacionamento, saúde, julgamento sobre as coisas.

Mais do que isso, são os paradigmas que influenciam sua visão de futuro e o que você está criando para a sua vida.

Já percebeu como algumas pessoas estão sempre vencendo? Parece que tudo em que tocam vira ouro. Por outro lado, há pessoas para quem tudo dá errado. Tudo em que tocam vira "adubo". Por que isso? Paradigmas.

Eles determinam tudo.

Pense em alguém que tinha um casamento muito ruim e, depois de muito sofrimento, se separou, garantindo que nunca mais ia se envolver com outra pessoa daquele tipo. Só que, seis meses depois, lá estava ele, casado com uma pessoa idêntica à primeira. Por que isso acontece? Paradigmas.

E o seu salário? Há quanto tempo você ganha a mesma coisa? Paradigmas. Você programou a sua mente dessa forma.

Afinal, o que são paradigmas?

A partir do momento que você entender o que é um paradigma, vai perceber o quanto você é o reflexo dos seus, e vai entender por que o mundo exterior é reflexo do mundo interior.

> **PARADIGMA É UMA PROGRAMAÇÃO MENTAL QUE TEM PRATICAMENTE TOTAL CONTROLE SOBRE NOSSOS COMPORTAMENTOS HABITUAIS.**

E sabe por que os paradigmas nos controlam? Porque 99,9% dos nossos comportamentos são habituais. Agimos praticamente no piloto automático o tempo todo. São poucas as vezes em que tomamos decisões de forma consciente, racional, que saímos do nosso padrão de pensamento.

O que isso quer dizer? Que nós, humanos, somos seres de hábitos. Desde o momento em que nos levantamos da cama, até o instante em que vamos dormir, agimos seguindo nossos hábitos. Pode notar. Você acorda e segue exatamente o mesmo ritual todas as manhãs: levanta-se, vai ao banheiro e escova os dentes, começando sempre pelo mesmo lado... Tudo segue a mesma ordem.

Tudo em nossa vida foi programado: o tipo de comida de que gostamos, o tipo de roupa que vestimos, o próprio ato de vestir a roupa. Faça um teste: da próxima vez que for vestir uma calça, por exemplo, observe qual é a perna que você veste primeiro. Em seguida, tente inverter, tente começar a se vestir pela outra perna. Tente escovar os seus dentes com a outra mão. E o banho? Já reparou que você toma banho todos os dias exatamente do mesmo jeito? Se nunca reparou, observe. Que parte do seu corpo você molha primeiro? Com que mão pega o sabonete?

Que região você esfrega primeiro? Depois de observar, tente mudar.

Faça o teste. Coloque a sua consciência nesses gestos que você faz automaticamente todos os dias e tente fazer diferente. Você vai conseguir? Claro que vai. Mas vai ser estranho. Toda vez que você faz alguma coisa de forma diferente do que está acostumado, isso gera um desconforto.

Por quê? Porque tudo isso, a combinação de todos os nossos hábitos –, são os nossos paradigmas.

> **ESSA É A NOSSA PROGRAMAÇÃO, NOSSO PADRÃO, NOSSA FORMA DE AGIR. E, SIM, COMO SOMOS CRIATURAS DE HÁBITOS, TODA A NOSSA VIDA FOI PROGRAMADA.**

O seu time de futebol, por exemplo. Foi você que escolheu torcer para esse time ou escolheram para você? Se disser que sim, que escolheu sozinho, me diga: quando? Depois de adulto ou ainda criança? Porque, se você escolheu quando ainda era criança, lamento dizer, mas não foi uma escolha sua. Você provavelmente se baseou em uma opinião que ouviu, em algum presente que lhe deram... Alguém disse qual era o time para o qual você deveria torcer e você acreditou.

Da mesma forma, você foi programado para comer o que come. Já reparou que você se alimenta das mesmas coisas há anos? Claro que há uma variação ao longo da semana ou do mês, mas são sempre os mesmos pratos. Isso também é uma programação. Tanto que, aqui mesmo no Brasil, em diferentes regiões, você vê hábitos alimentares completamente diferentes. Se você vier para o Rio Grande do Sul, vai ver um monte de gente andando na rua com sua cuia de chimarrão. E, claro, não verá isso no Nordeste (a menos que encontre um gaúcho fazendo turismo). Também o que comemos aqui no Brasil é muito diferente do que as pessoas comem no Japão. Então, sim, a comida é uma questão de cultura e programação mental.

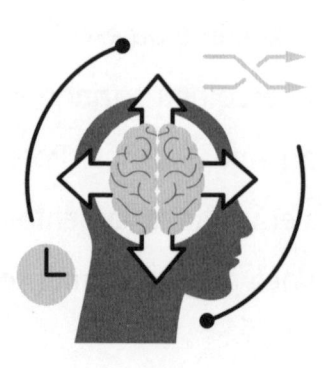

Sabe o que mais é uma programação mental? O seu resultado financeiro. Sim, tudo o que você acredita sobre dinheiro foi colocado em sua mente, e esses paradigmas determinam a sua vida hoje. Assim como tudo o que você acredita sobre religião, Deus, espiritualidade, casamento, educação. Tudo isso foi colocado em sua mente. Outras pessoas lhe disseram como essas coisas deveriam ser.

Para você entender como os paradigmas se formaram, precisa antes entender o que é a mente e como ela funciona.

A mente: o que é e como funciona?

O que é a mente?

Como ninguém nunca viu a mente, a grande maioria das pessoas associa a mente ao cérebro. Mas a verdade é que ela é muito maior do que isso.

A mente é um movimento, uma energia em estado quântico. Ela é tudo e está em tudo. O problema é que, quando falamos em mente, não temos uma ideia clara e, como não conseguimos entender, ficamos em estado de confusão.

Em 1934, em Santo Antonio, no Texas, o psiquiatra Dr. Thurman Fleet percebeu que mais de 90% das doenças aconteciam na mente dos pacientes, e que os seus colegas médicos estavam, na verdade, tratando os sintomas, e não a causa, que estava na mente. Como seus colegas médicos não entenderam a sua teoria, o Dr. Fleet propôs o seguinte desenho para representar a mente:

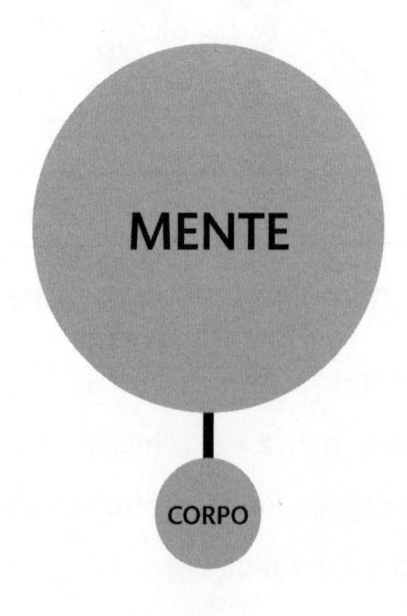

Guarde bem essa imagem, pois ela tem o poder de transformar a nossa vida. O círculo maior representa a nossa mente, e o menor representa nosso corpo. Veja bem: *representa*, não *é*.

Essa imagem tem um único objetivo: trazer entendimento. A representação por círculos nos mostra que a mente não tem limites. Além disso, o corpo, o círculo menor, não está separado da mente, ele é apenas a parte visível dela. E o cérebro, a imagem que tantas pessoas associam à mente, é apenas uma parte do corpo. É através do cérebro que nosso corpo acessa a mente, mas ele não é a mente. Percebe a sutil diferença?

Para ilustrar, pense em um monitor de computador ou em uma televisão. O *hardware*, a parte sólida que fica por fora e que você pode tocar, representa o seu cérebro. Você tem nas mãos um controle remoto e, a cada clique, uma nova imagem aparece nessa tela. Esse controle remoto é a sua capacidade de pensar. Você o ativa e uma imagem aparece na tela. Então, com um clique, a imagem muda. Onde essas imagens estão? Onde elas surgem? Você concorda que elas não estão ali escondidas na tela esperando para aparecer? Elas estão na mente.

Da mesma forma, todas as lembranças que você tem na sua cabeça, imagens, sons, cheiros, não estão no seu cérebro. O cérebro é apenas a tela em que são reproduzidas. Elas estão na mente. E a mente é tudo isso que eu vejo na minha cabeça quando fecho os olhos, ou mesmo com os olhos abertos.

DENTRO DA SUA MENTE ACONTECE TODA A SUA VIDA E SEU MUNDO.

Consciente e subconsciente

Nossa mente é dividida em duas partes, que operam de formas completamente diferentes.

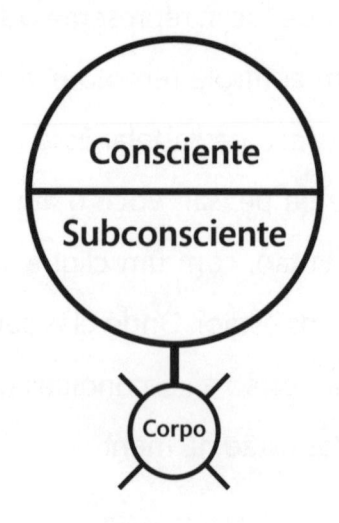

Consciente
Subconsciente
Corpo

Na parte de cima da ilustração, temos o consciente. É a nossa mente racional, que tem a capacidade de pensar, raciocinar e escolher. O consciente nos dá o poder de criar e de decidir. Ele tem o poder de usar o cérebro para pensar, aceitar e rejeitar quaisquer informações que chegam a ele.

Neste exato momento, você tem o poder de escolher como vai receber as informações que estou lhe dando neste livro. Você pode pensar "Uau, que incrível!" ou "Ah, mas que balela". Você tem o poder de aceitar ou não tudo o que chega a você, seja por este livro, pela TV, pelas revistas ou jornais.

O consciente tem o poder de criar imagens, cenários e possibilidades.

Na parte de baixo da ilustração, temos o subconsciente, que é a nossa mente emocional.

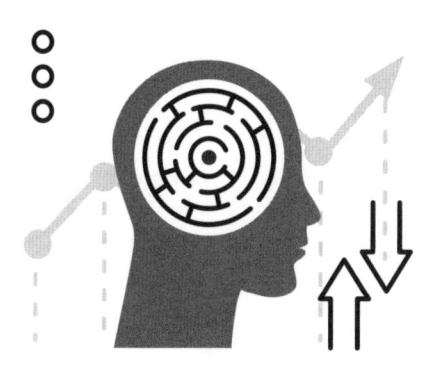

O subconsciente não tem a capacidade de pensar nem de rejeitar informações. Ele apenas as aceita. Por isso você deve ter muito cuidado com o que deixa passar pela mente, porque tudo o que chegar a ela vai ser aceito como verdade pelo seu subconsciente.

Dessa forma, podemos dizer que o consciente é o guarda do nosso subconsciente. Ele o protege e, tudo o que passar por ele e chegar ao subconsciente será tomado como verdade e passará a reger a forma como levamos nossa vida.

Outra coisa que você precisa entender sobre o subconsciente — e isso vai ser muito importante no seu processo de transformação — é que ele não sabe distinguir o que é real do que é imaginação.

Para lhe provar isso, vamos fazer um exercício agora mesmo.

Imagine que você está segurando um limão bem verde e suculento. Agora coloque esse limão em cima de uma mesa, pegue uma faca e o corte. Sinta o seu cheiro. Agora leve o limão à boca e o chupe. E aí? Sentiu o cheiro e o gosto do limão? Sentiu acumular água na sua boca? Quem sabe você não teve até uma estremecida com o azedo do limão.

Mas, se não havia limão algum na sua mão, como isso é possível? É possível porque o seu subconsciente não sabe o que é verdade e o que é imaginação. Ele acredita na imagem que está na mente e tem uma emoção associada a essa imagem.

> **PARA O SUBCONSCIENTE, TUDO É VERDADE, ESTEJA NA MENTE OU NA FRENTE DOS SEUS OLHOS.**

Da mesma forma, o subconsciente não sabe o que é passado e o que é futuro. Para ele só existe o presente. E é por isso que você pode se lembrar de algo que aconteceu no passado e chorar, ou mesmo se emocionar com a perspectiva de algo que ainda vai acontecer.

Então, a mente funciona assim: um pensamento acontece no consciente e desperta no subconsciente uma emoção a ele associada. Para todo pensamento que você tem, já existe um sentimento associado no seu subconsciente. Essa emoção desperta no seu corpo um sentimento que gera suas ações. E as suas ações geram os seus resultados.

Você precisa compreender bem tudo isso para entender por que tem os resultados que tem. Os seus resultados são o reflexo dos seus paradigmas, que estão na sua mente. Mas como é que eles foram parar lá?

Como se formam os paradigmas?

Nossos paradigmas são formados muito cedo, entre 0 e 7 anos de idade, que é o primeiro ciclo da vida, a formação do "eu".

Quando somos crianças, nossa mente é completamente aberta.

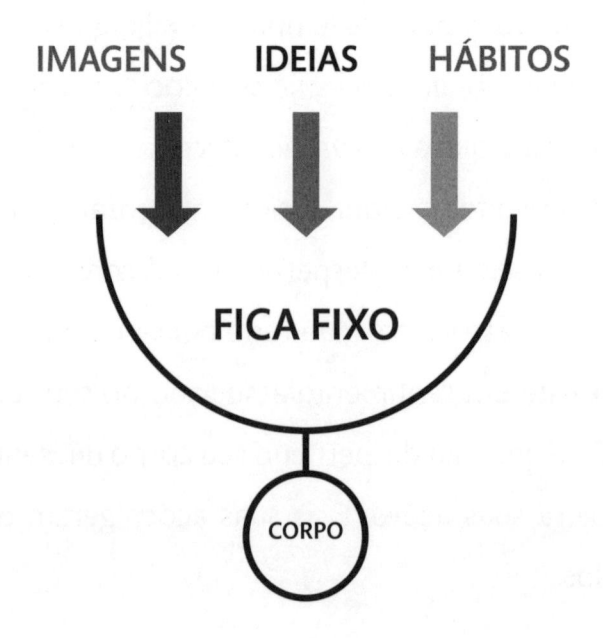

IMAGENS   IDEIAS   HÁBITOS

FICA FIXO

CORPO

A mente de uma criança é assim, como uma taça. Ela ainda não desenvolveu completamente o seu consciente, portanto não pode rejeitar as informações que chegam a ela. Como não tem como questionar, tudo o que chega à sua mente será aceito como verdade: o que ela vê ao redor, no seu ambiente, na TV, no convívio com a família, as ideias e hábitos de outras pessoas — tudo isso chega à mente da criança e, como não há consciente para rejeitar, é aceito e se fixa no subconsciente como verdade.

É a camisa do time de futebol, é o dia de ir à igreja, é a comida saudável, é a certeza de que todos os políticos são ladrões. Tudo isso são hábitos e crenças de outras pessoas que ficam programados em nossa mente.

As pessoas são diferentes porque tiveram infâncias diferentes, cresceram em lugares e culturas diferentes. Logo, têm crenças diferentes.

E como essas crenças chegam a nós? Através dos nossos cinco sentidos: visão, audição, tato, olfato e paladar. Foram eles que programaram a nossa mente. A comida de que você gosta hoje, por exemplo, é uma programação de paladar. O cheiro e o azedo do limão que fizeram você salivar durante o exercício que fizemos são programações de olfato e paladar.

Nossos cinco sentidos são como nossas antenas, e foram eles que nos programaram. As imagens, ideias e hábitos chegavam a nós através dos sentidos: do que víamos, ouvíamos e sentíamos com o tato, o olfato e o paladar. Você certamente não fumou até os 7 anos, mas viu alguém fumando, sentiu aquele cheiro. Isso pode ter criado em você o desejo ou o nojo pelo cigarro.

Depois dos 7 anos, quando a criança cria consciência, essas informações já se instalaram no seu subconsciente e se tornaram fixas. Tornaram-se paradigmas.

> **PORTANTO, TUDO AQUILO EM QUE ACREDITAMOS HOJE FOI CRIADO EM NOSSA MENTE ATÉ OS 7 ANOS DE IDADE.**

"Ah, mas muita coisa aconteceu comigo depois!", você pode alegar. E, sim, é verdade. Mas a forma como você reagiu a cada uma dessas coisas que aconteceram depois em sua vida foi moldada ainda na sua infância. Cada um dos acontecimentos posteriores vai ser julgado, questionado e avaliado com base naquilo em que você acredita.

E os cinco sentidos continuam sendo as nossas antenas. Eles continuam agindo para manter a programação que nos leva sempre aos mesmos resultados. São eles que disparam em nossa mente as lembranças e sentimentos que temos associados a sons, gostos, toques, cheiros e visões.

Por exemplo, se eu escrevo a palavra "dinheiro" (ou se alguém fala "dinheiro" ao seu lado), esse estímulo visual ou auditivo dispara em sua mente a imagem que você tem associada ao dinheiro.

Qual é a lembrança que você tem de dinheiro na sua infância? Se os seus pais brigavam por causa de dinheiro, se havia dificuldades financeiras, ou se você sempre ouviu aquela história de que dinheiro não traz felicidade e que quem é rico vai para o inferno, mesmo que não se dê conta disso, a emoção que você tem associada ao dinheiro é de medo.

Pense bem: você é uma daquelas pessoas que lava as mãos quando toca em dinheiro? Ou do tipo que não cheira dinheiro por nada do mundo? Se sim, é porque você foi programado para pensar que dinheiro é sujo. Você acredita realmente nas coisas que lhe disseram.

Toda vez que alguém falar em dinheiro perto de você, isso vai despertar na sua mente um pensamento, que vai despertar no subconsciente uma emoção, que pode ser a renúncia. Isso vai criar no seu corpo o desejo de evitar o dinheiro e as suas ações vão fazer com que você se afaste dele ou com que ele se afaste de você.

Tudo isso porque você foi programado pelos cinco sentidos para ter sempre o mesmo resultado sobre o dinheiro. Agora, e se essa sua crença for uma mentira?

Com quem você aprendeu a ganhar dinheiro? Essa pessoa era rica?

Eu me lembro de perguntar ao meu pai como é que se ganhava dinheiro. E ele dizia pra mim: "Vai trabalhar". Quer ganhar mais? Trabalhe mais. E com quem meu pai aprendeu a ganhar dinheiro? Com meu avô, que era muito pobre. E com quem meu avô aprendeu a ganhar dinheiro? Com alguém mais pobre ainda.

A pergunta que fica é: como alguém que é pobre, que não sabe ganhar dinheiro, pode ensinar outra a prosperar?

Simplesmente não pode!

Hoje você precisa se lembrar de quem lhe ensinou as coisas, quem colocou as verdades no seu subconsciente, e questioná-las. Quem foi que lhe ensinou o que você sabe sobre dinheiro, sobre Deus, sobre saúde e relacionamentos?

E essa pessoa aprendeu com quem?

Existe um estudo muito interessante que mostra como o paradigma é formado.

Cientistas colocaram cinco macacos em uma jaula, junto com uma escada que levava a um cacho de bananas no alto. Sempre que um dos macacos tentava subir a escada para pegar as bananas, os quatro macacos que estavam no chão tomavam um banho de água fria. Isso aconteceu algumas vezes, até que nenhum macaco tentava mais subir. Eles aprenderam que tocar na escada para subir e pegar as bananas era uma má ideia, pois os outros quatro macacos, que iam tomar um banho de água fria, partiam para cima, para bater no macaco ousado.

Então, os cientistas tiraram um desses macacos da jaula e colocaram um novo, que nunca tinha apanhado nem tomado banho de água fria. A primeira coisa que ele fez foi tentar subir a escada para pegar as bananas. E o que aconteceu? Os outros macacos partiram para cima dele, porque tinham a lembrança do banho de água fria. Esse novo macaco tentou algumas vezes e, como apanhou em todas elas, desistiu.

Aí, os cientistas tiraram um segundo macaco da jaula e o substituíram por um novo animal. A primeira coisa que ele fez foi tentar subir a escada para pegar banana. Só que os outros quatro macacos partiram para cima dele, inclusive aquele que tinha chegado por último e nunca tinha tomado um banho de água fria. Ele simplesmente bateu porque era o "certo", afinal também tinha apanhado quando tentara subir.

Um a um, os cientistas foram trocando todos os macacos. Até que nenhum deles estivesse no experimento original. Ou seja, nenhum deles sabia que se tentasse subir na escada, tomaria banho de água fria. Eles só sabiam que não podiam subir.

E assim ficaram aqueles cinco macacos ali, sem comer banana nem tomar banho de água fria.

A pergunta que eu lhe faço é: qual é a escada que você não está subindo?

Qual é o desafio que você não está enfrentando simplesmente porque disseram que você não é capaz?

Em quantas coisas você acredita hoje que não têm fundamento, que você não sabe de onde vieram, mas cada vez que se lembra delas você fica com medo? Medo de ir para o inferno, de desagradar a Deus...

Isso tudo é mentira. São bobagens que colocaram na sua mente. São coisas inventadas por pessoas que eram pobres, para justificar a pobreza delas. Inventaram que a pobreza agradava a Deus para que as pessoas fossem manipuladas. Pense bem, você não estava lá quando escreveram a Bíblia. Ela foi escrita por pessoas inteligentes e sábias, e até tem muita coisa boa na Bíblia. Mas não se pode negar que muita coisa foi alterada, foi editada pra dominar as pessoas. E você acredita nessas coisas como aqueles macacos do experimento, que nunca subiram na escada para pegar banana.

Como os paradigmas determinam os nossos resultados

Veja esta imagem:

NÓS SOMOS **PROGRAMADOS** PELOS NOSSOS 5 SENTIDOS PARA CONSEGUIR **SEMPRE OS MESMOS RESULTADOS!**

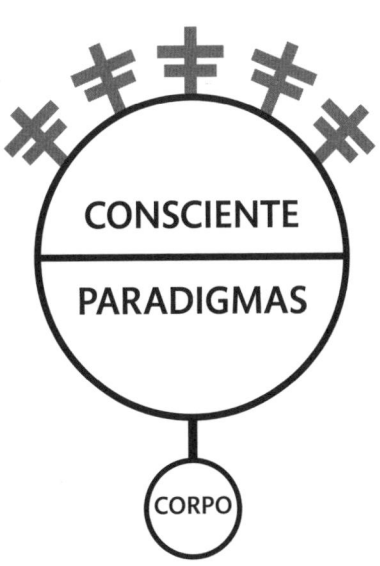

CONSCIENTE
PARADIGMAS
CORPO

Você já sabe que em nossa mente temos o consciente e o subconsciente, onde estão os nossos paradigmas. Vamos dizer que nossos paradigmas são o nosso "jeito X" de pensar.

O seu "jeito X" é a forma como lhe ensinaram a pensar, a se vestir, a comida que lhe deram, o modo como você aprendeu a escovar os dentes etc. É o conjunto de crenças, medos e superstições que existem na sua mente desde criança.

> **EMBORA O SEU CONSCIENTE TENHA A CAPACIDADE DE PENSAR, ELE SEMPRE VAI PENSAR DE ACORDO COM O QUE ESTÁ NO SEU SUBCONSCIENTE.**

Então, quando você pensar sobre dinheiro, não vai fazer isso de uma maneira livre, porque seu consciente vai despertar a imagem do dinheiro, mas a emoção associada a ele está no subconsciente. Assim, sempre que você falar de dinheiro, vai despertar essa sensação e vai pensar de acordo com a crença que está impregnada no seu subconsciente. No fim das contas, você acaba pensando do "jeito X". Em outras palavras, você pensa sempre de acordo com aquilo em que acredita.

Quando você pensa de um "jeito X", se emociona desse mesmo jeito e desperta sentimentos do "jeito X". O sentimento despertado no seu corpo é baseado naquilo que está no seu subconsciente. E o seu corpo é responsável pelas suas ações. Claro que, se são movidas pelo sentimento compatível com o "jeito X", suas ações serão do "jeito X". Você vai agir sempre de acordo com aquilo em que acredita.

Isso quer dizer que você não vai subir a escada para pegar banana, porque você acredita que não pode pegar a banana. Você não vai correr atrás de ganhar dinheiro. Não vai batalhar para ganhar 100 mil por mês, se acredita que nasceu para ganhar 2 mil. Colocaram isso na sua cabeça e você não vai lutar para ser rico se continuar acreditando que quem é rico vai para o inferno.

Enquanto você acreditar nisso, vai ter sentimentos de rejeição ao dinheiro e seu corpo vai lhe fazer agir para se livrar dele o mais rápido possível. É por isso que, mesmo que você ganhe dinheiro, sempre dará um jeito de perdê-lo de novo. Suas ações estão apenas seguindo as regras do seu "jeito X" de pensar. E, se as suas ações seguem as suas crenças, elas sempre levarão você ao mesmo resultado.

E adivinha que resultados você vai ter na vida? Serão resultados do tipo X. Seus resultados sempre serão o reflexo de seus paradigmas.

> **SE VOCÊ NÃO MUDAR OS SEUS PARADIGMAS, JAMAIS MUDARÁ OS SEUS RESULTADOS E A SUA VIDA. A MUDANÇA DE PARADIGMA É O OBJETIVO MAIS IMPORTANTE AO QUAL VOCÊ PODE SE DEDICAR.**

O que é mudança de paradigmas?

Mudança de paradigmas é mudar a forma como acredita nas coisas e em si mesmo. Muitas coisas em que você acredita hoje não passam de mentiras que lhe contaram. Só é verdade porque você acredita nelas. São limites que você acredita que tem e que não precisavam existir.

A partir do momento que você mudar essas crenças em sua mente, passará a acreditar mais em si mesmo, no seu potencial e verá as coisas de forma diferente. Por exemplo, você vai ter uma nova ideia de como o dinheiro funciona, de como se ganha dinheiro e até mesmo em relação à sua profissão. Tudo isso vai mudar na sua vida com a mudança de paradigma.

> **MUDANÇA DE PARADIGMA, PORTANTO, NADA MAIS É DO QUE VOCÊ SUBSTITUIR AQUILO EM QUE ACREDITA HOJE POR AQUILO EM QUE QUER ACREDITAR.**

Sim, eu estou lhe dizendo que você pode escolher no que quer acreditar.

Até mesmo — e principalmente — em relação a dinheiro. Há quanto tempo você ganha a mesma quantidade de dinheiro? Ou está no ciclo de perder o emprego, procurar outro e, quando arruma, acabar voltando para um emprego em que vai fazer a mesma coisa que fazia antes? Você está programado. A partir do momento que mudar isso, vai decidir no que quer acreditar e quanto quer ganhar.

Depois, você só precisa tomar as atitudes certas para conseguir isso.

A mudança de paradigmas vai provocar uma completa mudança de comportamentos em sua vida e, quando você muda os comportamentos, muda os resultados.

Durante os 15 anos em que fui garimpeiro, eu jamais imaginei que um dia teria tudo o que tenho hoje ou que faria o que faço hoje. Tudo isso só foi possível a partir do momento em que comecei a mudar minhas crenças, passei a ousar mais, a fazer coisas que me considerava incapaz de fazer, comecei a acreditar em coisas que não acreditava e deixei de acreditar nas coisas em que eu acreditava.

Agora, a mudança de crenças tem que ser acompanhada da mudança de comportamento e até de ambiente e de companhias. Eu comecei a frequentar lugares que não frequentava, deixei de ir aos lugares aonde ia antes. Parei de conviver com pessoas que me prejudicavam e me cerquei de gente que me apoiava e me ajudava a crescer. Isso é mudança de comportamento!

> **SE MUDAR SEUS COMPORTAMENTOS, VOCÊ VAI MUDAR A SUA VIDA.**

Mas isso não é tão simples, por causa dos paradigmas, que nos levam a repetir os comportamentos habituais.

Então, para mudar os resultados, precisamos mudar o comportamento. E, para isso, precisamos mudar o paradigma. Mas qual é o nosso verdadeiro objetivo com a mudança de paradigma? O que queremos conquistar?

Nós mudamos os nossos paradigmas para conquistar um estado em nossa vida chamado de práxis.

O que é práxis?

Uma das coisas mais incríveis que aprendi é que o limite, o tamanho do mundo de uma pessoa, é exatamente do tamanho do seu vocabulário.

Se eu falo "práxis" e você não conhece a palavra, não compreende seu significado e seu sentido, você fica perdido. Por outro lado, quando você entende o significado, um novo horizonte se abre na sua vida.

Práxis é uma palavra que não conhecemos em português, não a usamos. Ela tem origem no grego *práxis*, que significa conduta ou ação. Corresponde a uma atividade prática em oposição à limitação da teoria.

Esse termo é abordado por vários campos de conhecimento, como filosofia e psicologia, que classificam práxis como uma atividade voluntária orientada para um determinado fim ou resultado.

Logo, a práxis é um padrão de conduta, um padrão de comportamento orientado para a conquista de um resultado específico.

É por isso que nosso objetivo, a partir de agora, é gerar a práxis em nossa vida. Pois, se você adota esse padrão de comportamento, conseguirá alcançar todos os seus outros objetivos.

Viver em estado de práxis é viver em perfeito alinhamento de pensamentos, emoções, sentimentos e ações.

Entenda: o seu pensamento (consciente) aciona uma emoção (subconsciente) associada, que desperta no seu corpo um sentimento, que vai motivar as suas ações, que trarão o seu resultado.

Sabe todas aquelas vezes que você disse que queria mudar de vida, mas agiu ao contrário do que declarava? Isso aconteceu porque você não gerou a práxis em sua vida. Você pensa de um jeito, mas seus paradigmas o levam para outro caminho, o fazem agir de outra forma.

A práxis é quando você consegue ter algo em sua mente, despertar uma emoção condizente no subconsciente, fazer nascer no seu corpo um sentimento de desejo ardente de conquistar isso e então agir de acordo. Você entra em fluxo, porque o seu ser está completamente alinhado: consciente, subconsciente, corpo e ações.

Portanto, para viver no modo de práxis, tudo começa no pensamento.

Como o pensamento acontece em nossa mente

Lembra que eu disse que o mundo da pessoa é do exato tamanho do seu vocabulário?

O que lhe vem à mente quando eu digo "pense sobre dinheiro"? O que você vê? Eu aposto que é uma imagem, e não as letras que, juntas, formam a palavra "dinheiro".

Agora pense em uma cidade. O que você vê?

Pense em um carro.

Pense em um avião.

Agora aprenda esta verdade: nós, seres humanos, pensamos por meio de imagens. As palavras são meros gatilhos mentais que disparam uma imagem em nossa mente.

Então, para mudar seus paradigmas, você precisa mudar as emoções que estão associadas às imagens que possui na mente.

Lembra que o seu consciente é capaz de escolher? Para isso você precisa ter em sua mente a imagem clara daquilo que deseja. Em seguida, você tem que associar uma nova emoção a essa imagem, pois essa emoção vai despertar sentimentos positivos no seu corpo, que o levarão à ação.

E aí, quando você entrar em ação, tudo vai se resolver, não é mesmo?

Não!

Quando você finalmente entrar em ação é que virá a maior prova de todas. Você vai encontrar a barreira do terror!

A barreira do terror

Muito bem. Você já entendeu que precisa mudar seus paradigmas, gerar práxis na sua vida, e que tudo isso começa no seu pensamento.

Mas, na hora que entrar em ação, vai dar de cara com a barreira do terror.

A barreira do terror é formada pelos seus medos. É o seu subconsciente tentando lhe proteger e lhe manter na zona de conforto. Para ele, aquele mundo é a verdade na qual você deve viver. A partir do momento que você decide mudar, seu subconsciente entende que você está correndo perigo!

A função do seu subconsciente é manter você vivo e seguro. Ele não faz por maldade. É a programação dele. É seu dever usar o consciente para explicar ao subconsciente que está tudo bem e que vai dar tudo certo.

O seu paradigma sempre vai tentar proteger algo que por muito tempo foi normal e funcionou. É como se ele pensasse: "Para que mudar isso agora?"

E é nesse momento que surge o medo: medo de dar errado, de não conseguir, de ser humilhado, de ter que voltar para o mesmo lugar ou, pior ainda, para uma posição inferior.

E se você se deixa levar pela dúvida e pelo medo, se aborda a situação de forma negativa, logo vem a ansiedade. Você se torna ansioso, porque sabe que não quer mais aquilo, mas não consegue agir por causa da dúvida e do medo. Isso gera inclusive mal-estar físico e doenças, como úlcera, dores nas costas, dores de cabeça. E se continua assim, pode até gerar depressão na sua vida.

A maior causa de depressão no ser humano é o sentimento de vida vazia. É o sentimento de não ter tido coragem de lutar pelos próprios sonhos.

Então, você deve lutar. E, para isso, precisa abordar o medo de forma positiva, através do conhecimento. Você toma consciência de que o medo é apenas o seu subconsciente, o seu paradigma, tentando protegê-lo, e então daí nasce a fé. Não a fé em Deus, mas em si mesmo.

Você diz: "Eu consigo! Eu tenho poder em mim. Eu sou feito à imagem e semelhança de Deus. Eu sou um ser espiritual vivendo experiências físicas e vou elevar meu pensamento ao nível da autodisciplina". Quando você passa a ter fé, logo em seguida vem o desejo. E a partir disso tudo vem o bem-estar. E quando você se sente bem, continua estudando e dando pequenos passos. Você entra em ação.

Mais uma vez, quando você entra em ação, vem a barreira do terror. Mas você está determinado a vencê-la.

Então o que você deve fazer agora?

Você deve buscar o entendimento. Deve conhecer melhor a si mesmo e deve entender perfeitamente quais são seus medos e por que eles existem. Para isso, vamos a partir de agora entender um pouco mais sobre a sua personalidade por meio do Eneagrama e a sua definição das nove personalidades humanas.

Capítulo 4

O ENEAMIND

Tudo começou quando eu conheci o Enegrama. Esse conhecimento milenar chegou até mim no ano de 2017, enquanto eu participava de um retiro Zen Budista no Espírito Santo. No momento em que fui apresentado ao Enegrama, fiz uma grande descoberta: cada personalidade é o reflexo de seus paradigmas.

A partir daquele instante, juntei tudo o que aprendi sobre as nove personalidades do Enegrama com os meus estudos a respeito dos paradigmas. Compreendi que, para você mudar os seus paradigmas, é preciso observar a própria personalidade.

QUANDO A PERSONALIDADE ESTÁ NO CONTROLE, VOCÊ PERDE A CONSCIÊNCIA DO SEU VERDADEIRO SER.

Sua personalidade é a sua forma automática de interpretar, agir, interagir e reagir a tudo o que lhe acontece. Ao observar a sua personalidade, você observa o momento em que as suas crenças lhe fazem agir de forma automática.

Se você passa a ter consciência desses momentos, começa a mudar a sua rotina e toda a sua vida se transforma. Assim, nascia o Eneamind, um método que desenvolvi para despertar os nove poderes da mente.

A palavra **Eneamind** é a combinação de duas palavras: *ênea*, do grego, que significa "nove", e, do inglês, *mind*, que significa "mente". Mais do que um método de transformação pessoal, trata-se de uma filosofia de vida que representa as nove mentes, baseadas nos nove tipos de personalidades do Eneagrama.

Essas técnicas já foram testadas e aprovadas. Muitos alunos já entenderam a fonte de todos os problemas que enfrentavam. Como em um passe de mágica, eles encontraram a solução para resolvê-los e passaram a conquistar qualquer coisa que buscavam para suas vidas. Resultados positivos que você também pode obter.

Ao se conhecer e colocar em prática tudo o que está aprendendo neste livro, a sua vida financeira começará a ter muito mais crédito do que débito, os seus relacionamentos serão muito mais prazerosos e saudáveis, você passará a entender e decifrar qualquer pessoa, conquistando uma vida melhor.

Esse conhecimento tem o poder de transformar qualquer pessoa de alguém isolado, triste, frustrado, que ninguém quer por perto, infeliz no casamento, no trabalho, na profissão e quebrado financeiramente, em uma pessoa abundante, plena, feliz, que conquista qualquer objetivo, que tudo o que toca prospera, em uma referência de sucesso e realização para outras pessoas, que mora na casa que sempre sonhou, que dirige o carro que sempre desejou, que tem o casamento e os filhos que sempre imaginou.

Tudo isso é possível de conquistar de maneira muito rápida, a partir do momento que você identificar, libertar e ativar esses nove poderes mentais em sua vida.

O Eneagrama

A palavra **Eneagrama** é a união de duas palavras de origem grega: *ênea* significa nove, e *grammos* significa figura, desenho. Trata-se de uma figura geométrica de nove pontas que representam os nove tipos de personalidades presentes na natureza humana.

O desenho do Eneagrama que você encontra hoje começou a ser usado da década de 1970:

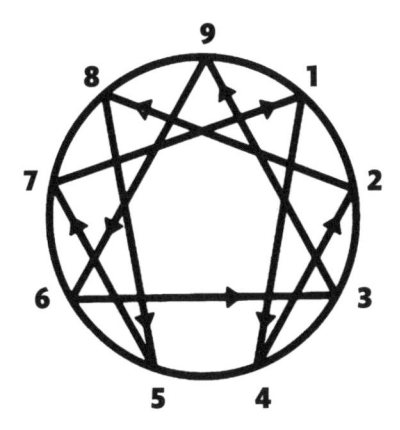

O responsável por nos fazer conhecer o Eneagrama no mundo moderno é o filósofo Armênio Gurdjieff, que ensinou a filosofia do autoconhecimento profundo no começo do século passado.

Gurdjieff decidiu que buscaria a verdade pelo mundo. Montou um grupo de pessoas, que se separaram, cada uma indo estudar uma filosofia diferente. De tempos em tempos, o grupo se reencontrava para discutir o que cada um havia descoberto. Gurdjieff encontrou assim o Eneagrama e o viveu a sua vida toda, trazendo-o para o ocidente.

No entanto, o Eneagrama de Gurdjieff ainda não era o Eneagrama tal como o conhecemos hoje. Ele não dava nome às personalidades, apenas o usava para que cada pessoa conhecesse a si mesma.

A definição de cada um dos tipos veio anos depois, com Oscar Ichazo, filósofo boliviano que, assim como Gurdjieff, era fascinado pela ideia de recuperar conhecimentos perdidos.

No início da década de 1950, Ichazo associou as nove pontas do símbolo aos nove tributos divinos que refletem a natureza humana, oriundos da tradição cristã. Esses nove tributos mais tarde se tornaram os sete pecados capitais (e, nessa mudança, dois deles se perderam – se não me engano, a vaidade e o medo).

Ichazo foi quem primeiro deu nome aos nove tipos, e seu Eneagrama ficou assim:

Preservacionista
9
Confrontador 8
1 **Perfeccionista**
Sonhador 7
2 **Prestativo**
6
3
Questionador
Bem-sucedido
5 4
Observador **Melancólico**

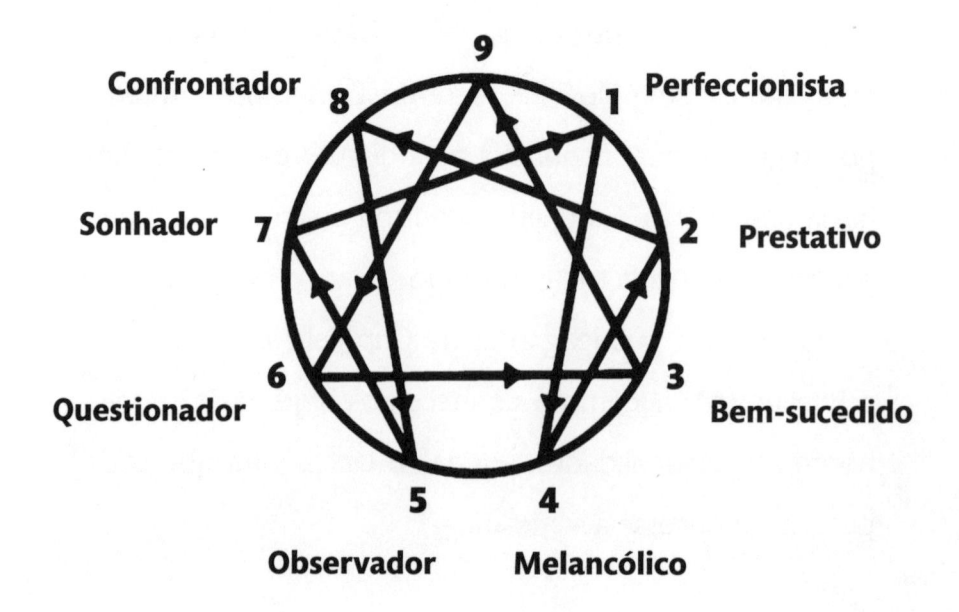

Por fim, em 1970, o médico psiquiatra Claudio Naranjo correlacionou os tipos do Eneagrama às características psiquiátricas que conhecia, começando a expandir as resumidas descrições de Ichazo e montando um sistema de tipologias.

E assim chegamos ao Eneagrama moderno, em que, em vez de nomes, foram atribuídos números às personalidades. Essa opção foi feita porque o número é neutro, ele não define você.

Entendendo o símbolo do Eneagrama

O símbolo do Eneagrama é formado por três partes: um círculo, um triângulo e uma hexade, que é uma figura de seis lados.

O círculo significa a unidade – tudo é uma coisa só; tudo é uno. Também simboliza a Divindade. Então o Eneagrama é usado como a libertação do seu espírito, a libertação da sua essência. O círculo também representa o zero, que, ao mesmo tempo em que é neutro, tem o poder de alterar qualquer coisa. Além disso, simboliza o infinito, em que tudo acontece em ciclos.

Se é um círculo, não tem começo nem fim. Isso nos mostra que não há linhas claras de separação entre as personalidades. Nós passamos de uma a outra, embora uma seja a predominante.

Em seguida, temos o triângulo circunscrito. Ele simboliza a regra de três e a trindade. Tudo no nosso universo é trino. E a hexade representa a regra de 7. Esses dois elementos determinam a posição e o movimento de cada uma das personalidades dentro do Eneagrama.

Meu objetivo neste livro não é que você entenda o Eneagrama a fundo, mas sim que você se conheça o suficiente para mudar seus paradigmas e mudar a sua vida. Se você quiser se aprofundar no estudo do Eneagrama – e eu recomendo que faça isso –, pode ler o livro *A Sabedoria do Eneagrama*, de Don Richard Riso e Russ Hudson.

A combinação dessas três figuras divide o Eneagrama em três partes, como você pode ver na imagem abaixo:

FORMAÇÃO DO ENEAGRAMA

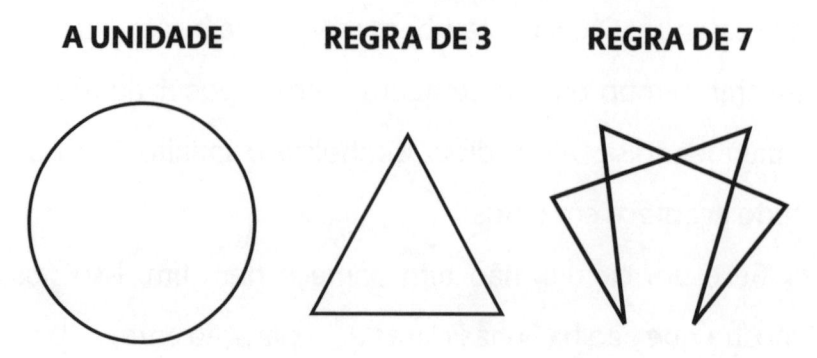

A UNIDADE   **REGRA DE 3**   **REGRA DE 7**

A partir disso, você vai conseguir identificar onde a sua essência ficou mais presa à personalidade. Se você é uma pessoa mais presa ao traço físico, está mais preso ao agir, ir para cima, fazer acontecer, sempre voltada para o mundo físico, para o corpo. O seu interesse é *adquirir* ou *evitar perder* alguma coisa.

Se você é uma pessoa mais emocional, é mais preso aos vícios, aos pecados ou aos sentimentos. Age muito menos por impulso e mais baseada no *feeling*. O que lhe interessa é como você se *sente*.

Se você é mental, está preso no mundo da mente e acaba se afastando das pessoas. É o tipo de pessoa que estuda muito, quer saber tudo nos mínimos detalhes. A menos que esteja nos níveis mais baixos da personalidade. Aí, nesse caso, pode rejeitar completamente os estudos.

Mas entenda, você não é limitado a uma das três áreas. Assim como você não é um único tipo. Todos nós carregamos traços de cada uma das personalidades – uma dominante, algumas mais acentuadas, outras menos. Mas todos temos percentuais de cada uma das áreas. Ou seja, você é um pouco emocional, um pouco físico e um pouco mental. Apenas está mais preso a uma delas.

Esta é a imagem da mente para a mudança de paradigmas:

CENTRO FÍSICO

CENTRO MENTAL   **CENTRO EMOCIONAL**

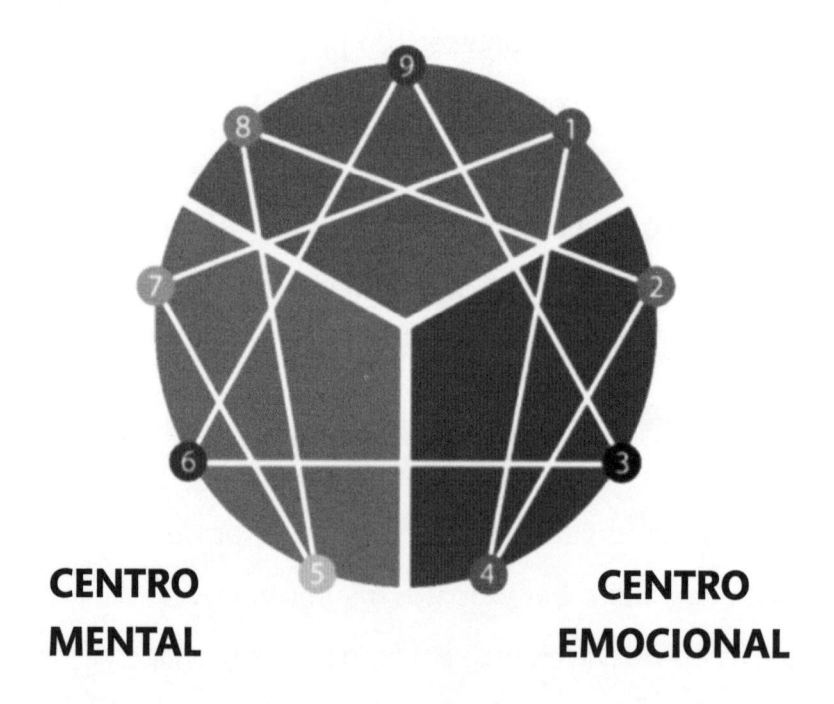

Assim, as pessoas que têm predominância do campo mental são mais ligadas ao consciente, ao pensamento. As pessoas presas ao emocional são mais ligadas ao subconsciente. E as pessoas mais apegadas ao centro físico são mais ligadas ao corpo, mais voltadas para a ação, prontas para entrar em movimento.

Os instintos

Além dos três centros do Eneagrama, existem três instintos.

Em 1970, o neurocientista Dr. Paul MacLean apresentou ao mundo a teoria do cérebro trino. Ele propôs que o nosso cérebro tem três outras áreas: o cérebro reptiliano, o cérebro límbico e o neocórtex.

Se aplicarmos a teoria do Dr. MacLean à nossa imagem representativa da mente, teríamos o seguinte:

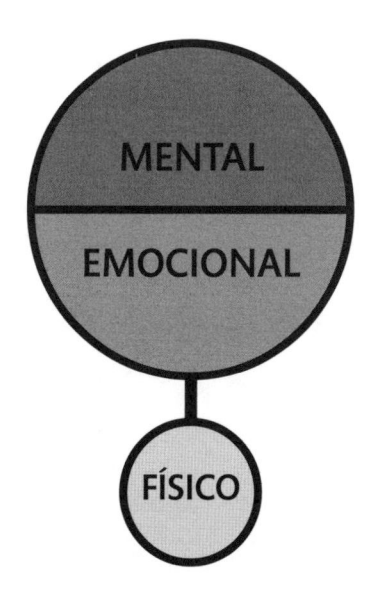

O cérebro reptiliano é o responsável pela manutenção da nossa sobrevivência. É ele que controla os nossos três instintos, que são: o instinto de autopreservação, o instinto social e o instinto sexual.

Mas como isso se relaciona com o Eneagrama e com as nove personalidades?

Cada um de nós é uma combinação de todos os nove tipos do Eneagrama, sendo que temos traços mais acentuados em algumas personalidades. Mas, se fosse só isso, todas as pessoas do tipo 1 agiriam exatamente da mesma forma. O que, definitivamente, não é verdadeiro. A diferença no modo de agir entre pessoas do mesmo tipo se dá por causa dos instintos. Assim, podemos ter 3 pessoas diferentes do tipo 1: uma agindo pela autopreservação, outra pelo instinto social, e a terceira pelo instinto sexual.

> **TAMBÉM É IMPORTANTE RESSALTAR QUE TODOS NÓS TEMOS OS TRÊS INSTINTOS, SENDO QUE ELES SE ORGANIZAM DE FORMA HIERÁRQUICA: PREDOMINANTE, SECUNDÁRIO E REPRIMIDO.**

Uma pessoa que tenha o instinto de autopreservação predominante se preocupa em manter a segurança e o conforto físico. É fácil reconhecer esse tipo de pessoa. São aquelas que tentam se preservar, tomam muito cuidado com a saúde, com o carro, com a casa, com o modo como se vestem. Também cuidam muito dos seus parentes e amigos e se preocupam com o bem-estar de todos. Se entram em uma sala para uma reunião, vão observar se a temperatura está agradável, se tem ventilação, se há cadeiras confortáveis para todos. São pessoas que cuidam do conforto e da segurança física.

Pessoas que têm a predominância do instinto social são as que se preocupam em ser aceitas e necessárias em seu mundo. Para se sentirem seguras, elas precisam estar protegidas pelo grupo. Estão sempre envolvidas em atividades comunitárias e de equipes. Precisam sentir-se pertencentes e aceitas. Gostam muito de bater papo e fazem amizade com facilidade. Muitas vezes estão envolvidas em política, grupos religiosos, ensino, filantropia, etc. Estão sempre rodeadas de amigos e se sentem bem quando estão fazendo alguma coisa pelo grupo.

Por fim, as pessoas que têm o instinto sexual predominante estão sempre em busca de conexão e experiências intensas. Entenda: o instinto sexual não necessariamente está ligado ao desejo sexual. Tem muito mais a ver com adrenalina, com a aventura e a intensidade da vida. São pessoas movidas a fazer as coisas. Elas se conectam de forma mais intensa e seletiva. Não tanto com o grupo como um todo, mas com uma ou duas pessoas dele.

Entendendo as personalidades

Você já entendeu que, durante a sua infância, dos 0 aos 7 anos, através dos seus cinco sentidos, foram implantadas em você crenças que se tornaram os seus paradigmas.

Os paradigmas são o que determinam a forma como você age e se relaciona com o mundo hoje. São eles também que determinam os seus medos primordiais.

Como já dito, segundo o Eneagrama, existem nove personalidades dentro de nós, e cada um de nós tem uma predominante.

É muito importante que você entenda que você não é uma personalidade. Você *tem* uma personalidade. Ela foi criada em você com base nos medos e desejos fundamentais que se formaram ainda na infância.

O que vamos fazer agora e no próximo capítulo é conhecer a sua personalidade, entender um pouco mais os traços dela e começar um trabalho de desenvolvimento. Esse trabalho não vai se concluir rapidamente, de um dia para o outro. É essencial que você persista no caminho, que se descubra mais e mais e entenda como isso influencia a sua vida.

Também é importante lembrar que você não vai mudar de personalidade. O que vai acontecer é que aprenderá a trabalhar da melhor forma com os pontos positivos do seu tipo, e passará a evitar os pontos negativos.

> **ALIÁS, NEM TUDO NA NOSSA PERSONALIDADE, OU SEJA, NOS NOSSOS PARADIGMAS, É RUIM. A NOSSA PROGRAMAÇÃO MENTAL TAMBÉM É O QUE NOS PERMITE TER SUCESSO.**

Todos nós temos uma programação mental. Você tem, e eu também. Eu, por exemplo, sou muito irado, me irrito com facilidade e sou explosivo. Por outro lado, também sou mestre em colocar as necessidades dos outros acima das minhas. Ah, e sou apressado. Muitas vezes não penso o bastante antes de tomar uma decisão e acabo me precipitando.

Agora, percebe como é importante nos conhecermos?

QUANDO EU SEI QUAL É A MINHA **PERSONALIDADE** E QUAIS OS PONTOS A QUE DEVO DAR ATENÇÃO, FICA MUITO MAIS FÁCIL MANTER O **CONTROLE**.

@marcos.trombetta
ENEAMIND

Você sempre poderá desenvolver traços das outras personalidades, que não são a sua dominante, e recorrer a eles sempre que precisar. Isso acontece porque o Eneagrama é um círculo. Não há nenhum tipo em que você seja completamente zerado.

Além disso, existem nove diferentes níveis em cada uma das personalidades, desde o mais inferior e não saudável, ligado aos distúrbios de comportamento, até o mais alto e mais saudável. Se você considerar que são nove personalidades, três instintos e nove diferentes níveis de desenvolvimento, vai entender por que nenhuma pessoa é exatamente igual à outra.

Quando você descobre a sua personalidade dominante, não deve se identificar com ela. A ideia não é que você bata no peito e diga: "Ah, eu sou um tipo 2, e é por isso que eu ajo assim".

Não! Você não deve se orgulhar do seu tipo, porque o que ele vai lhe mostrar é essencialmente os pontos em que deve melhorar. Além disso, você não está aqui para justificar os seus atos. Você está aqui para mudar a sua vida. E, para isso, precisa entender o que exatamente está no seu caminho. E o padrão de comportamento da sua personalidade, definitivamente, é um obstáculo no seu caminho!

O primeiro passo para você descobrir a sua personalidade predominante é fazer o teste que está neste link:

Acesse o teste por este código:

Ele lhe mostrará quais são seus traços mais evidentes. Ainda assim, você deverá estudar todos os tipos que apresentarei no próximo capítulo, porque o teste é baseado em suas recordações e sobre a sua visão sobre si mesmo, e pode não ser 100% preciso.

É importante que você responda às perguntas com base no que você de fato faz e não com base no que gostaria de fazer. Do contrário, não vai dar certo.

Ao entender a sua personalidade, você vai entender também a sua programação mental e, a partir disso, aprenderá a lidar com ela e poderá construir um novo padrão, para que atinja novos resultados e conquiste os seus objetivos.

Se você quer conquistar coisas novas, precisa se transformar. Mas antes de começar, a pergunta principal aqui é: Quem é você?

Capítulo 5

AS NOVE MENTES

Agora você já deve estar de posse do resultado do seu teste*. Olhe para ele e veja quais são os três eneatipos em que obteve mais pontos. Provavelmente, você tem um pico em cada centro, mental, emocional e físico. Isso acontece porque agimos em tríades.

E, desses três picos, uma é a sua personalidade dominante.

É desse jeito que você age e é por causa dessa personalidade que você faz o que faz.

> **CADA TIPO DO ENEAGRAMA TEM UM MEDO E UM DESEJO PRIMORDIAIS, UMA MENSAGEM DO SUPEREGO E UMA VIRTUDE QUE DEVERIA DESENVOLVER.**

Meu objetivo é que você mude seus paradigmas, mas, melhor do que isso é confrontar seus paradigmas nos momentos de decisão. Tonny Robbins costuma dizer que "é nos momentos de decisão que nosso destino é moldado".

---

*Caso tenha encontrado alguma dificuldade para a aquisição do seu teste, você pode escrever para contato@marcostrombetta.com.br e solicitar um link para adquiri-lo.

É nos momentos de decisão que você define se vai vencer ou fracassar. Você é influenciado e obedece 100% à sua personalidade. Talvez ela esteja lhe levando para o buraco. Assim, quando você conhece a sua personalidade, sabe quais são os seus vícios, seus desejos e medos, e qual caminho tem que seguir. Isso já é mais de meio caminho andado para a mudança.

Eneatipo 1:
O PERFECCIONISTA

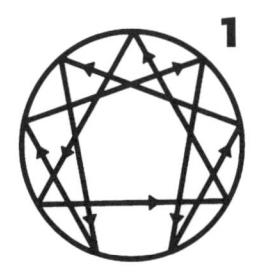

Se você encontrasse o Jorge com a sua turma, logo ia perceber que ele era o líder do grupo. O Jorge é aquele tipo de cara que está sempre à frente. É sempre ele que agita os encontros da galera, organiza o churrasco nos mínimos detalhes. E ai de você se inventar de trocar o que ele lhe pediu para levar. A carne não estava boa e você pensou em levar linguiça em vez disso? Esquece. O Jorge vai ficar uma fera!!!

Mas é porque ele sabe do que fala. Ele calculou certinho quanto de cada carne precisava, então, se você mudar, pode acabar faltando.

No futebol, o Jorge é sempre aquele que quer bancar o juiz. Ele tem certeza de que sabe o que é certo ou errado. E nem ouse discutir a integridade moral dele. Para pessoas como o Jorge, seguir a ética e os bons costumes é o padrão.

Sua esposa nem tem com o que se preocupar nem do que se queixar. O cara é corretíssimo e superorganizado. Do tipo que arruma as meias no armário por cores, sabe?

Mas se tem uma coisa que tira o Jorge do sério é quando ele combina de sair com a mulher e ela se atrasa. Ele se programou todo, comprou os ingressos para o cinema, já está no carro esperando, e ela diz: "Só cinco minutinhos, meu amor!".

Aí é que o Jorge fica furioso de raiva.

Ele é um eneatipo 1 e seu maior desafio é aprender a lidar com essa raiva contida.

Pessoas desse eneatipo são extremamente corretas e se sentem frustradas quando alguém descumpre os combinados, bagunça sua organização ou duvida de sua moral. Extremamente corretos, os tipos 1 não saem da linha. A menos que desenvolvam um nível pouco saudável de sua personalidade.

Aí, podem se saturar e acabar fazendo o contrário do que pregam. Cometem atos impensados, que jamais fariam em público e dos quais vão se envergonhar e se arrepender assim que voltarem a si.

> **O MEDO FUNDAMENTAL DO TIPO 1 É SER MAU, CORRUPTO, PERVERSO E FALÍVEL. ELE TEME NÃO SER UMA PESSOA ÉTICA, CORRETA E CONFIÁVEL. FAZ TUDO PERFEITINHO PARA QUE NINGUÉM TENHA NADA PARA FALAR DELE.**

Mas, como tem também o traço do juiz, começa a querer impor aos outros o seu perfeccionismo e a julgar o mundo, pois tem certeza absoluta de que é capaz de corrigi-lo.

Se, assim como o Jorge, você é um eneatipo 1, saiba que seu desejo fundamental é ser bom, virtuoso e equilibrado, ou seja, é ter integridade.

Você busca a perfeição, mas isso não existe.

A mensagem que o seu superego lhe transmite o tempo todo é: "Você estará num bom caminho se fizer o que é certo".

Mas entenda que tudo o que você está fazendo é julgar o mundo de acordo com as suas crenças, com aquilo que aprendeu na infância. Em que momento da sua infância você aprendeu que tinha que ser perfeito? Foi cobrança da mãe, do pai? Foi para ganhar atenção e espaço? Tornar-se milimetricamente organizado foi uma forma de chamar atenção? Essa é sua forma de lutar contra o mundo!

Mas o mundo não é passível de correção. O mundo é assim mesmo. E você não tem mais que lutar para ser perfeito. Você já é perfeito, porque foi assim que Deus o fez.

Pessoas do tipo perfeccionista vão se sair muito bem como cirurgiãs, mecânicas, engenheiras, professores, programadores e escritores – desde que desapeguem da perfeição e coloquem seu livro no mundo, para contribuir com as pessoas.

> **A VIRTUDE A SER BUSCADA É A SERENIDADE. E, PARA ISSO, A MEDITAÇÃO É UM ÓTIMO EXERCÍCIO. BUSQUE SER MAIS SERENO, RELAXE E DEIXE ESSA RAIVA IR EMBORA. NÃO LEVE A VIDA TÃO A SÉRIO.**

Eneatipo 2:
O PRESTATIVO

A Celina é uma mulher que adora ajudar as pessoas, é amorosa e está sempre preocupada se todos estão bem. Altruísta, está sempre fazendo doações e procurando formas de ajudar as pessoas que precisam. Celina também adora dar festas, preparar jantares e faz questão de que, na sua casa, todos sejam muito bem servidos. Só que, coitadinha, na maioria das vezes ela mesma não come nada.

Sua maior dificuldade na vida é dizer não para os outros. Coloca as necessidades das outras pessoas sempre em primeiro lugar, tanto que, muitas vezes, ela nem sabe do que precisa para si.

Com as amigas, então... parece que não existem limites para a amizade da Celina. Ela é paciente, ouve com atenção e tem sempre um bom conselho para dar. É o tipo de amiga tão especial que se lembra do aniversário de todos os colegas de escola, lembra o nome do marido daquela amiga que não vê há dez anos, sabe o nome dos filhos de todo mundo e até dos cachorrinhos.

Um dos lemas de vida da Celina é: "É dando que se recebe".

E é justamente aí que começam os problemas!

Porque a Celina fica extremamente frustrada quando não recebe toda essa atenção de volta, sobretudo se for o seu aniversário. Inconscientemente, tem certeza de que todas as pessoas deveriam se lembrar dela, afinal ela é muito especial e faz de tudo pelos outros.

E se as amigas tomam uma decisão sem pedir a opinião dela? Nossa! Ela fica irritada, nervosa, se sente traída. Um dos maiores problemas da Celina é que muitas vezes ela se torna chata e desagradável, se mete demais na vida dos amigos e acha que eles não podem fazer nada sem consultá-la antes. Ela começa a cobrar fidelidade e se tornar possessiva e ciumenta. Suas amigas não podem ter outras amigas. Se fazem alguma coisa sem a convidarem, então... arrumaram um problema e tanto.

No fundo, há um grande interesse por trás de toda a ajuda que ela presta: ela quer receber toda essa atenção de volta!

Esse é o retrato típico de uma pessoa do eneatipo 2. Sabe aquele tipo de garçom que mal deixa o casal conversar no restaurante, porque está sempre se aproximando para perguntar se está tudo bem e se eles precisam de alguma coisa? É um tipo 2.

> *O ENEATIPO 2 ESTÁ NO CENTRO EMOCIONAL, E AS PESSOAS QUE TÊM A PREDOMINÂNCIA DE UMA DAS PERSONALIDADES NESSE CENTRO TÊM O FOCO NA AUTOIMAGEM PARA CHAMAR ATENÇÃO.*

São amorosas porque querem receber amor de volta. Claro que são pessoas do bem, que se dão com todo mundo, que gostam das pessoas de verdade e querem servi-las. Mas tudo isso é porque, quando crianças, aprenderam que as pessoas respondem melhor àqueles que ajudam.

O vício emocional do eneatipo 2 é o orgulho. Ele pensa: "Eu me basto, eu consigo fazer". O orgulho surge porque ele tem um jeito único de seduzir as pessoas, é envolvente. Com seu jeito de quem quer dar colo, consegue persuadir as pessoas a fazerem o que ele quer. Para isso, usa e abusa do jeito de falar, do carisma e daqueles olhinhos pidões do Gato de Botas.

Além disso, os tipos 2 têm grandes habilidades físicas. Dançam bem, são despojados e sexies. Gostam que as pessoas se sintam bem, mas no fundo estão chamando a atenção para si.

O medo fundamental do eneatipo 2 é não ser amado ou querido simplesmente pelo que é. "Se eu não fizer nada pelas pessoas, não serei amado. Para que me amem, preciso estar servindo, preciso fazer algo por elas." Ele tem muito forte no seu inconsciente o sentimento de reciprocidade. Acredita que, se fizer pelo outro, vai receber de volta na mesma proporção, mas nem sempre é assim que acontece.

Outra característica do tipo 2 é que ele acha que precisa impedir que os outros arquem com suas responsabilidades. Ele tenta abraçar e proteger o mundo e acaba se prejudicando.

Seu desejo fundamental é sentir-se amado. E, por conta disso, o paradigma que precisa mudar com mais urgência é a crença de que não pode dizer não para as pessoas. Você pode, e elas vão continuar lhe amando. Além disso, não há o menor sentido em esperar que todas as pessoas lhe amem. Não é assim que as coisas são.

Não estou dizendo que você não deve fazer mais nada pelas pessoas – até porque isso seria contra a sua natureza. Mas concentre-se em fazer pelas pessoas que você ama de verdade, e só porque elas merecem, não pelo que você espera receber de volta.

A mensagem do seu superego é: "Você estará num bom caminho se for amado pelos outros e estiver perto deles".

Essa é a sua programação. Você sente que vai ser realizado se estiver perto das pessoas e for amado por elas.

> **A VIRTUDE QUE DEVE BUSCAR É A HUMILDADE. NO FUNDO, VOCÊ É ORGULHOSO. VOCÊ SE SENTE SUPERIOR ÀS OUTRAS PESSOAS, SENTE QUE TEM A CAPACIDADE DE FAZER MAIS E CONQUISTAR MAIS DO QUE TODOS. ASSIM, VOCÊ É O QUE SEMPRE PODE AJUDAR, MAS NUNCA PODE RECEBER NADA DE NINGUÉM.**

A verdade é que você precisa se amar mais e se livrar desse orgulho. Deve se tornar mais humilde, tratar todo mundo com igualdade, sem a necessidade de ficar ajudando e servindo.

Nos momentos de decisão, você sempre pensa o que os outros vão achar de você. "E se eu fizer isso e aquela pessoa deixar de gostar de mim? E se eu não ajudar essa pessoa e ela ficar mal, o que ela vai pensar de mim?"

Lembre-se de que você deve primeiro cuidar de si, com humildade, sem soberba.

Eneatipo 3:
O BEM-SUCEDIDO

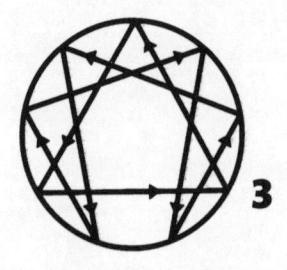

Ricardo é um cara boa-pinta, que faz de tudo para ser um vencedor. No entanto, mais do que *ser* bem-sucedido, ele quer *parecer* um cara de sucesso. É extremamente preocupado com sua aparência e seu físico. Quer estar sempre bonitão e usando as melhores roupas, afinal sua maior preocupação é a imagem.

Onde quer que esteja, Ricardo está se perguntando como as pessoas o veem – seja na academia, onde passa boa parte do seu tempo livre, no trabalho ou entre amigos.

Essa sua grande preocupação com a imagem que mostra para os outros também faz com que seja um boa-praça. Ele é motivador, entusiasmado e está sempre agitando a galera.

Ele acredita que existem dois tipos de pessoas no mundo: as de sucesso e as fracassadas. E ele, é claro, não quer fazer parte do segundo grupo.

Ricardo está atrás de status. Ele é conquistador e namora sempre as meninas mais bonitas. Aliás, as mulheres estão sempre atrás dele, porque quando o olham pensam: "Esse com certeza vai ser um cara de sucesso".

Ricardo trabalha numa empresa de engenharia. Como é muito comunicativo, sabe se expressar e fala muito bem, é sempre escolhido para fazer as apresentações da equipe. Mas seu talento não termina por aí. Ele também é o engenheiro mais querido entre o pessoal da obra. Os operários gostam do "Dr. Ricardo" porque fala com eles de igual para igual, na mesma linguagem, sem aquele linguajar difícil e cheio de superioridade dos outros chefes.

Mas, apesar de parecer um cara tão legal e bem-sucedido, sua busca incansável pelo sucesso esconde um enorme vazio no seu peito.

Como todas as pessoas do eneatipo 3, Ricardo acredita que, neste mundo, você vale o quanto você tem e o que você aparenta ser. Pessoas assim correm o risco de trocar de carro à toa, assumindo um compromisso de cem parcelas, só para manter as aparências. Também é bem provável você encontrá-las morando nos endereços mais caros da cidade, mesmo que mal ganhem o suficiente para pagar o aluguel.

> **O ENEATIPO 3 TEM O VÍCIO EMOCIONAL DA VAIDADE E POR ISSO QUER SE SENTIR "O MELHOR".**

São pessoas que você vê fazendo cirurgia plástica, lipoaspiração, malhando dia e noite, de maneira excessiva. Vivem de aparências e lhes falta uma conexão com a espiritualidade.

O medo fundamental desse eneatipo é não ser valorizado, a não ser por aquilo que realiza.

Ele acredita que, se não tiver nada, não vai ser valorizado. Ele quer status e conquistas, não porque precisa delas, mas porque quer ser o centro das atenções, porque quer brilhar. Embora não pareça, essas pessoas têm a autoconfiança, a autoestima, muito pouco desenvolvida.

O desejo fundamental desse eneatipo é sentir-se enaltecido, desejado, aceito. Acreditam que vão ser valorizados por tudo o que lhes é externo: a aparência, as roupas, o carro, a casa. Essa é a maior ilusão que alguém pode ter. Porque, no fim, as pessoas só vão lhe valorizar pelo que você é de verdade, pela sua essência, e não pelo que você tem ou fez. Você só precisa entender que, para ter tudo isso, não tem que ser o melhor do mundo. Basta ser genuinamente bom, amoroso e sincero. Só precisa ser quem você já é.

Claro que buscar o sucesso é importante. Eu mesmo sou um buscador do sucesso. Mas o que é sucesso? É a progressiva realização de um objetivo valioso. Repare bem nestas palavras: "é uma busca progressiva", porque é todo dia um pouquinho. É uma realização: você vai *fazer* algo, e não comprar algo. E envolve um *objetivo valioso*, que é algo a que valha a pena se dedicar, algo que tenha propósito.

O sucesso só faz sentido se você trabalhar para conquistar algo que o preencha, porque, do contrário, vai ser uma busca eterna, que jamais vai lhe satisfazer.

E essa eterna sensação de vazio é resultado de um propósito que não é verdadeiro. Aí acontece que, quando você se deita para dormir, fica pensando na próxima meta, mas nem isso vai preenchê-lo.

A mensagem do superego é: "Você estará num bom caminho se for bem-sucedido e respeitado pelos outros".

Ora, não é de admirar que o eneatipo 3 seja intolerante a críticas. Tanto que, se ele tem a menor chance de ser criticado por algo que fez, prefere nem fazer nada. Assim ele não mancha a sua reputação de ser o melhor.

O que você deve entender, a partir de hoje, é que não precisa do respeito e da admiração dos outros para estar no bom caminho. Todos nós querermos nos sentir amados, mas isso não pode ser o motivo pelo qual regemos nossa vida.

> **A VIRTUDE A SER BUSCADA É A SINCERIDADE.**

E, se você é um tipo 3, me perdoe a sinceridade, mas hoje você é falso. Criou uma falsa identidade que só você sabe que não é verdadeira. Então, seja sincero com você mesmo. Viva sua vida dentro dos padrões que lhe são possíveis hoje. Não faça o impossível para mostrar ser alguém que não é. Não viva de aparências, seja sincero. Seja amado por quem você é.

Seu desafio hoje é deixar de viver nesse mundo de imagem e de falso sucesso que criou. Não importa como as pessoas o veem. O que importa de verdade é o que você sabe que é e enxerga em si mesmo.

Eneatipo 4:
O MELANCÓLICO

Marina às vezes é uma pessoa incrível! Ela é criativa, uma verdadeira artista. Pinta quadros impressionantes, expressivos, e compõe músicas repletas de sentimento. O problema é que Marina parece estar sempre triste.

Ela tem certeza que é diferente, que carrega em si todo o sentimento do mundo e que ninguém mais entende as coisas como ela, ninguém vê o mundo como ela e, principalmente, ninguém mais sente o que ela sente.

No fundo, Marina parece gostar de ser tão sozinha.

Quando se separou do primeiro marido, as amigas e a família a cercaram e a encheram de afeto, de carinho e atenção. Com o tempo, começaram a insistir que Marina saísse um pouco, conhecesse outras pessoas... E ela foi.

Anos depois, se casou de novo. Mas continua muito insatisfeita, mesmo que seu atual marido faça de tudo para vê-la feliz.

Desde que se casou de novo, ela e o marido sonhavam em se mudar para um outro bairro, um lugar bonito, onde Marina poderia se sentir mais inspirada a criar. Faz pouco tempo que conseguiram realizar esse sonho, mas Marina já quer ir embora dali. Ela está reclamando que não conseguiu fazer nenhuma amizade. Queria se envolver mais com a comunidade, ajudar com o coro da igreja, ser voluntária para dar aulas de pintura para as crianças, enfim, queria fazer parte. Ela esperou e esperou, mas nenhuma das outras mulheres foi até sua casa convidá-la.

Certo dia, seu marido encontrou com o vizinho na padaria. Quando o vizinho perguntou como eles estavam e se estavam gostando do novo bairro, o marido de Marina confessou que já pensavam em se mudar e explicou por que. Então o vizinho respondeu:

— Ora, nós aqui do bairro sempre pensamos que a Marina quisesse ficar sozinha, sem ser incomodada. Tenho certeza de que, se ela oferecesse, sua ajuda seria muito bem-vinda.

Marina é um eneatipo 4, e pessoas com essa personalidade devem tomar muito cuidado com toda essa melancolia, com toda essa tristeza que rege a sua vida. Devem estar mais conscientes das coisas e esperar menos dos outros.

Tudo o que você precisa já está dentro de você e de ninguém mais.

> **O VÍCIO EMOCIONAL DO TIPO 4 É A INVEJA — ELE SENTE QUE FALTA ALGUMA COISA EM SI E ESSA COISA ESTÁ EM OUTRAS PESSOAS.**

Mas, em vez de entrar em ação para conquistar o que ele acha que falta, o tipo 4 gosta de sofrer. Viver as dores do passado e ficar lambendo suas antigas feridas é sua forma de chamar a atenção das pessoas e ganhar carinho.

Se você é um tipo 4, tenha cuidado com essa tendência e não deixe que isso lhe aconteça. Não fique apegado ao que os outros têm e você não. Essa inveja pode destruí-lo! Ela gera uma eterna frustração com o mundo que você nem sabe direito de onde vem.

Outra consequência desse seu comportamento é a solidão. Você acha que a vida é cruel e que não tem sorte para os relacionamentos, que não consegue arrumar alguém e tem poucos amigos. Mas a verdade é que as pessoas não conseguem viver com tanta melancolia, com a sua quantidade excessiva de sofrimento. Nada nunca está bom para você; está sempre descontente e se queixando.

Acredite, você pode mudar. Você pode desenvolver os aspectos mais positivos da sua personalidade. Pare de se esconder. Mostre seus interesses para as pessoas. Faça tudo o que puder para conquistar aquilo que acha que falta na sua vida.

Como um eneatipo 4, seu medo fundamental é não ter nenhuma identidade, nenhuma importância pessoal, não ser nada. Você teme que as pessoas não o enxerguem, não notem sua existência e não lhe deem importância. Mas de tanto medo disso, você se esconde e faz com que isso se torne realidade.

O resultado é que você retroalimenta sua melancolia e sua solidão.

O seu desejo fundamental é ser capaz de encontrar a si mesmo e a sua importância pessoal; criar uma identidade a partir de sua experiência interior.

E, sim, você consegue. Mas precisa mostrar ao mundo a pessoa desenvolvida, espiritualizada e cheia de sentimentos que é. Você precisa mostrar aos outros que sabe ouvir e que gosta de se relacionar com eles.

A mensagem do superego desse tipo é: "Você estará num bom caminho se for fiel a si mesmo".

Mas isso não é uma verdade completa. Você pode, e deve, sim ser fiel a si, mas não precisa ser fiel às suas dores e aos seus sentimentos melancólicos.

> **A VIRTUDE A SER BUSCADA É A EQUANIMIDADE. VOCÊ PRECISA SE TORNAR MAIS ESTÁVEL NOS SEUS SENTIMENTOS, MANTER UM PADRÃO, SEM TANTOS ALTOS E BAIXOS.**

Esse é o paradigma que precisa mudar com mais urgência. Você deve reprogramar a sua mente para a alegria. Coloque uma música alegre e dançante, leia livros divertidos, assista a filmes felizes e engraçados. Faça mais amigos, saia de casa, sorria mais.

Eneatipo 5:
O OBSERVADOR

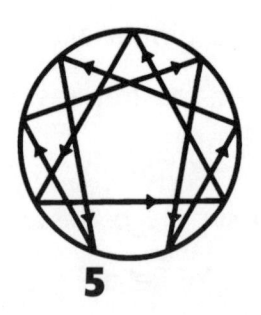

Luiz é um estudioso. Ele sempre quer entender as coisas a fundo, como funcionam e seu porquê. É capaz de passar horas e horas debruçado sobre uma única reflexão. Tem um pensamento extremamente analítico e observador. Fala pouco, mas, quando abre a boca, sempre tem certeza do que diz.

Na verdade, Luiz parece ser um especialista em todo e qualquer assunto. Menos em relacionamentos. É um cara fechadão, que vive no seu próprio mundo e não gosta que ninguém invada o seu espaço.

Outra coisa que fascina Luiz são as novidades. Ele é realmente inovador, tem excelentes ideias, mas nunca as coloca em prática. O primeiro motivo para isso é que ele nunca se convence de que está pronto. Luiz estuda muito e, quanto mais estuda, mais descobre que existem coisas que ele não domina ou das quais não sabe absolutamente nada. Então ele compra mais um livro, se inscreve em mais um curso, e segue acumulando informações.

O segundo motivo para Luiz nunca colocar a mão na massa é a sua avareza. Ele quer ter certeza de que vai conseguir ganhar o máximo investindo o mínimo. Para isso monta diversas estratégias mentais, faz planos, se organiza...

A avareza é mesmo um dos maiores problemas do Luiz. Ele até tem boas condições, mas tem tanto medo de ficar sem dinheiro, que escolhe levar uma vida quase miserável e completamente sem luxo.

Luiz é um eneatipo 5 clássico. Pessoas desse tipo não são fazedoras. O eneatipo 5 é a mais mental de todas as personalidades. Seu maior desafio é partir para a ação, e, muitas vezes, a melhor maneira de fazer isso é arrumar um sócio que tenha uma personalidade mais empreendedora.

O medo fundamental do eneatipo 5 é ser indefeso, inútil, incapaz (sem competência). Ele fica apavorado só de pensar que existe algo que ele não saiba, que pode ficar sem argumentos em qualquer situação. Mesmo estudando muito e tendo muito conhecimento, sempre se considera pequeno demais. Logo, precisa estudar ainda mais para tentar ficar bom o bastante. Só que não adianta. Para ele, nunca é o bastante.

Seu desejo fundamental é ser capaz e competente, ser reconhecido pela sua sabedoria. Acontece que ele só estuda, nunca entra em ação e, dessa forma, não deixa as pessoas saberem o quanto ele é bom.

> **SEU MAIOR DESAFIO HOJE É COMEÇAR A SE ARRISCAR, ENTRAR EM CAMPO E PROVAR SEU NÍVEL DE COMPETÊNCIA.**

A mensagem do superego para esse eneatipo é: "Você estará num bom caminho se conseguir dominar algo".

Infelizmente, essa busca por dominar um assunto nunca tem fim. Entenda: não estou aqui dizendo que você tem que parar agora e nunca mais estudar ou aprender nada e ficar acomodado para sempre. O que estou dizendo é que, sem prática, muito estudo não vai lhe ajudar em nada. Se você quer mesmo gerar resultados e provar que é competente, tem que entrar em campo e fazer acontecer.

> **A VIRTUDE QUE O ENEATIPO 5 PRECISA BUSCAR É O DESAPEGO DA MENTE.**

Saia da mente. Chega de estudar. Arrisque-se. E, como provavelmente você é uma pessoa solitária, faça novos amigos. Encontre alguém com quem falar de seus sentimentos.

Eneatipo 6:
O QUESTIONADOR

Cristina é uma mulher questionadora, que gosta de entender o motivo para fazer qualquer coisa. E, depois que entende e assume a responsabilidade, vai até o fim. Qualquer tarefa que seja atribuída a ela, vai ser executada com perfeição. Nada poderá dar errado, porque Cristina vai pensar em absolutamente todas as possibilidades.

Ela é tão cuidadosa com os detalhes, que chega a ficar ansiosa e depende muito da opinião e do feedback das pessoas.

Uma vez, Cristina organizou uma festa para um grupo de jovens da escola local. Ela tinha medo de delegar alguma tarefa e perder o controle da qualidade e da segurança. Então, como não queria confiar em mais ninguém, cuidou de tudo sozinha: do local, dos convites, do buffet, da música, da limpeza, da decoração e da segurança.

O evento foi um sucesso estrondoso. Mas ela acha que não. Simplesmente porque ninguém a elogiou pelo bom trabalho nem reconheceu os seus esforços. Como não recebeu um retorno positivo muito claro, ela tem certeza de que a festa foi um total desastre, mas ninguém falou nada para não magoá-la.

Cristina é assim: precisa do reconhecimento dos outros o tempo todo.

Mas não pense que ela é uma maria-vai-com-as-outras! De jeito nenhum! Cristina tem suas próprias convicções, sobretudo no que diz respeito às tradições, à moral e aos bons costumes, e está disposta a defender com unhas e dentes tudo em que acredita.

Aliás, também é uma grande defensora das pessoas em quem acredita. Extremamente fiel nos seus relacionamentos, é alguém em quem se pode confiar de olhos fechados.

Só não espere que ela tome decisões rapidamente. Ela é capaz de passar mais de um mês pesando todas as variáveis só para escolher qual panela nova vai comprar. Se ela tiver que decidir entre comprar um carro ou uma casa, então... pode contar que vai demorar.

Tudo isso acontece porque Cristina é um eneatipo 6. E seu maior vício emocional é o medo. De qualquer coisa, mas principalmente o medo de errar. Toda vez que um eneatipo 6 decide fazer algo novo, a primeira coisa que lhe vem à mente é tudo o que pode dar errado. Nunca, jamais, o que pode dar certo.

> **E O MEDO FUNDAMENTAL DESSE TIPO É NÃO CONTAR COM APOIO E ORIENTAÇÃO. SÃO PESSOAS QUE NÃO SE SENTEM CAPAZES DE VIVER SOZINHAS.**

Sozinhas, aliás, não fazem nada. Não são empreendedoras natas e, se decidem empreender, vão precisar de um sócio.

Seu desejo fundamental é encontrar apoio e segurança. Por isso é muito mais fácil encontrar eneatipos 6 em empregos estáveis, como em cargos públicos concursados, com salário fixo.

Qualquer tipo de mudança é uma tortura para esse tipo. Pedir demissão de um emprego em que você já domina as atividades, já conhece as pessoas, já tem o seu papel, para começar algo novo é muito difícil. Mudar de cidade, então, é quase impensável. Os tipos 6 são como árvores, têm raízes profundas.

Diante disso, claro que não são pessoas inovadoras. São ótimas em executar com perfeição o que mandam, mas não espere que tomem muitas iniciativas.

A mensagem que recebem do superego é: "Você estará num bom caminho se fizer o que se espera de você".

As virtudes que devem buscar são a coragem e a confiança em si mesmos.

São pessoas que precisam arriscar mais se quiserem mudar de vida. Precisam entender que coragem não é ausência de medo. É agir com medo mesmo.

Eneatipo 7:
O SONHADOR

João é um cara divertido e brincalhão. Está sempre rindo, contando piadas e pregando peças nos amigos. É um daqueles colegas que todos querem ter por perto. Ele aceita todos os convites, se adapta a todos os lugares e torna as festas mais divertidas.

Se você quiser um apoiador para suas ideias, é só falar com o João. Ele é um entusiasta. Acha que tudo vai dar certo. Ele vai lhe dar todo apoio para fazer uma festa, empreender, vender. Se o assunto for viagem, então! Ele é aventureiro. Então, basta alguém dizer para ele: "E aí, João, vamos?" E ele responde imediatamente: "Bora!".

Mas não se espante se ele logo perder o interesse. Ele é inquieto e tem sempre uma nova ideia em mente.

Outro dia o João saiu para jantar com uma amiga. O restaurante era agradável, a comida estava deliciosa e o papo divertido. Mas de repente o João se "desligou". Pegou o celular e não largou mais. Já estava agitando o que ia fazer no dia seguinte. João é assim: vive no futuro e tem muita dificuldade de aproveitar o momento presente.

Outra coisa que você dificilmente vai ver o João fazendo é namorar, casar e constituir família. Escolher uma esposa o obrigaria a abrir mão de todas as possibilidades. Se depender dele, vai ter sempre cinco relacionamentos, um para cada dia da semana. E ainda vai guardar o sábado e o domingo para a sua liberdade.

João é um eneatipo 7 e seu vício emocional é a gula. Não necessariamente a gula por comida, mas uma fome insaciável de aventuras e do novo.

> **O MEDO FUNDAMENTAL DESSE ENEATIPO É SOFRER DORES E PRIVAÇÕES.**

Tudo o que ele faz é para não sofrer, para evitar a infelicidade.

Então procura ter uma vida sempre feliz, mesmo que às vezes isso soe falso. Essa busca por mais, pelo próximo, é uma forma de se esquivar da possibilidade de não ter.

E esse é o principal paradigma que tem que mudar. A vida é assim mesmo e não dá para fugir do sofrimento o tempo todo. Uma vida significativa e feliz de verdade envolve comprometimento. Mesmo que isso possa machucar às vezes.

O desejo fundamental do tipo 7 é ser feliz, satisfazer-se, realizar-se.

Mas, se continuar levando essa vida "pulando de galho em galho", chegará o momento em que vai olhar para trás e se arrepender, porque vai estar sozinho e vai acabar sofrendo as privações que passou a vida tentando evitar.

O tipo 7 precisa aprender a colocar mais os pés no chão, buscar um pouco de estabilidade e ser mais firme no que faz.

Sim, é muito gostoso ser inovador e aventureiro. O grande problema é a velocidade com que se entedia. Numa semana pega um monte de coisas para fazer, arrasta uma multidão para o seu projeto e está superempolgado. Na semana seguinte, já desencantou, cansou, então parte para outra e entrega seu projeto de bandeja para os outros.

Todo esse tédio que você sente pode arruinar empreendimentos, destruir sua família e lhe tornar solitário.

A mensagem do superego é: "Você estará num bom caminho se obtiver o que precisa".

Só que ele ainda não sabe do que precisa. Precisa de tudo, do novo e de cada vez mais. Por isso precisa buscar a sobriedade e a presença em sua vida e sair dessa embriaguez pelo novo.

Não significa que você nunca mais poderá viver aventuras. Claro que pode. Você pode viajar, rodar o mundo, mas sem esquecer de ter uma base forte para onde voltar.

Eneatipo 8:
O CONFRONTADOR

Mariana é uma mulher independente e autossuficiente. Cria sozinha seus dois filhos e é dona de uma empresa de sucesso.

Empreender foi o único caminho possível para Mariana, que nunca aceitou que lhe dessem ordens. Ela não suportava ter um emprego e ser subordinada a outras pessoas que, na maioria das vezes, não tinham a mesma competência que ela nem seu "sangue nos olhos".

Mariana é uma mulher tão forte que as pessoas não ousam duvidar da sua capacidade. Se ela diz que um empreendimento vai dar certo, pode ter certeza de que vai.

Ela nunca se permite falhar, porque precisa proteger e prover sua família, além de ter responsabilidade sobre a vida e a família de seus funcionários.

Só que, por tudo isso, Mariana parece uma panela de pressão, prestes a explodir a qualquer momento. Sim, ela é bem estourada, se irrita com facilidade e não mede esforços para conseguir o que quer.

Na verdade, desde que seu ex-marido abandonou a família, Mariana se transformou numa rocha. Ela sabe que tem que aguentar tudo pelos filhos: mais horas de trabalho, mais desafios. Não é fácil derrubar a Mariana.

Ela é um eneatipo 8, e seu medo fundamental é ser magoada ou controlada, ter seu espaço invadido e ser traída, pelos amigos, pela família, pelo parceiro.

O desejo fundamental desse tipo é proteger-se e determinar o curso de sua própria vida. Não quer receber ordens nem palpites de ninguém. Sabe o que é melhor para si.

Se você é um tipo 8, precisa entender que às vezes um simples conselho pode evitar muita dor de cabeça, afinal, você só pode tomar decisões com base nos conhecimentos que tem. E você não tem todo o conhecimento do mundo. Nem você, nem ninguém, aliás.

> **O VÍCIO EMOCIONAL DESSE TRAÇO É A LUXÚRIA: QUER TER A MELHOR CASA, OS MELHORES CARROS, MUITOS IMÓVEIS, ROUPAS CARAS. TUDO É MUITO EXCESSIVO.**

O que você precisa aprender é a diminuir seus padrões e ser grato pelo que já tem. Tudo bem querer mais, mas busque o equilíbrio e vá com calma.

A mensagem do superego do tipo 8 é: "Você estará num bom caminho se for forte e conseguir dominar as situações".

E, para mudar esse paradigma, você precisa buscar a virtude da inocência, tornar-se menos durão, menos agressivo e sério. Aprenda a levar uma vida mais leve e seja mais aberto às ideias e amizades, como as crianças.

Eneatipo 9:
O PRESERVACIONISTA

José tem um coração gigante e está sempre pronto para confortar as pessoas, dizer uma palavra amiga e dar um bom conselho. Sua especialidade é conciliar brigas de casais, porque sempre consegue fazer com que um veja o lado do outro.

Ele é um cara tão dedicado que pode passar a maior parte do seu tempo preocupado com as metas e objetivos dos outros. Para si mesmo, ele não faz muita questão de nada.

Trabalha muito, é esforçado, desde que esse esforço não traga nenhum resultado para si. Ele sente que já tem tudo o que precisa na vida. Nem mais nem menos. Então, pode passar o dia inteiro se esforçando no trabalho, mas, quando chega em casa, só quer se largar no sofá e não pensar mais em nada. É o tipo de cara que, quando vê a barriguinha crescendo, nem pensa em se matricular na academia. É muito mais fácil comprar uma camisa maior.

Na verdade, José tem uma grande preguiça mental. Ele não quer se incomodar com nada, quer estar bem com todo mundo e apenas levar a sua vida "de boa". Ele vive num mundo de utopias, onde todos se dão bem e estão em paz.

José é um eneatipo 9. Seu maior vício emocional é a *accidia*, que é essa indolência mental, essa vontade de não fazer nenhum esforço além do necessário. O tipo 9 não tem muitas metas para si, mas precisa aprender a deixar a preguiça de lado e cuidar melhor da sua saúde.

Seu medo fundamental é o da perda, da separação e da aniquilação. Ele morre de medo de buscar algo novo e perder o que já tem. É o tipo que pensa que não se deve mexer com o que está quieto nem mudar o time que está ganhando. Ele não quer atrito com ninguém.

Seu único desejo é ter equilíbrio interior e paz de espírito. Levar uma vida sem estresse.

O grande problema é que isso o torna um procrastinador de primeira. Ele empurra as coisas e as decisões com a barriga e sabe disso.

> **A MENSAGEM DO SUPEREGO É: "VOCÊ ESTARÁ NUM BOM CAMINHO SE TODOS À SUA VOLTA ESTIVEREM BEM".**

Acontece que isso leva a uma grande anulação pessoal. Então você precisa mudar esse paradigma e assumir mais a responsabilidade sobre a sua vida.

A virtude a ser buscada é a ação correta, fazer o que tem que ser feito, quer você goste ou não.

\multicolumn{6}{c}{TABELA DE RESUMO DOS ENEATIPOS}					
Eneatipo	Palavras-chave	Medo Fundamental	Desejo	Mensagem do superego	Virtude a buscar
1	Perfeccionista Mestre Ativista Moralista Juiz Organizador	De ser mau, corrupto, perverso e falível.	Ser bom, virtuoso, equilibrado – ter integridade.	"Você estará num bom caminho se fizer o que é certo."	Serenidade.
2	Ajudante Amoroso Altruísta Protetor	De não ser amado ou querido simplesmente pelo que é.	Sentir-se amado.	"Você estará num bom caminho se for amado pelos outros e estiver perto deles."	Humildade.

TABELA DE RESUMO DOS ENEATIPOS

Eneatipo	Palavras-chave	Medo Fundamental	Desejo	Mensagem do superego	Virtude a buscar
3	Vencedor Bem-sucedido Comunicativo Motivador O melhor	De não ser valorizado por aquilo que realiza.	Sentir-se valorizado, desejado, aceito.	"Você estará num bom caminho se for bem-sucedido e respeitado pelos outros."	Sinceridade.
4	Individualista Artista Melancólico Romântico	De não ter identidade, nenhuma importância pessoal; de não ser nada.	Ser capaz de encontrar a si mesmo e a sua importância pessoal; criar uma identidade a partir da sua experiência interior.	"Você estará num bom caminho se for fiel a si mesmo."	Equanimidade.
5	Investigador Pensador Inovador Observador Especialista	De ser indefeso, inútil, incapaz (sem competência).	Ser capaz e competente.	"Você estará num bom caminho se conseguir dominar algo."	Desapego da mente.
6	Questionador Guardião Partidário Cético Tradicionalista Fiel	De não contar com apoio e orientação; de ser incapaz de viver sozinho.	Encontrar apoio e segurança.	"Você estará num bom caminho se fizer o que se espera que faça."	Coragem e confiança em si mesmo.

TABELA DE RESUMO DOS ENEATIPOS

Eneatipo	Palavras-chave	Medo Fundamental	Desejo	Mensagem do superego	Virtude a buscar
7	Aventureiro, Entusiasta, Sonhador, Inovador, Extrovertido, Versátil, Feliz	De sofrer dores e privações.	Ser feliz, satisfazer-se, realizar-se.	"Você estará num bom caminho se obtiver o que precisa."	Sobriedade, presença.
8	Desafiador, Bravo, Agressivo, Líder, Empreendedor, Provedor, Protetor	De ser magoado ou controlado; de ser traído.	Proteger-se e determinar o curso da própria vida.	"Você estará num bom caminho se for forte e conseguir dominar as situações."	Inocência.
9	Pacifista, Otimista, Conciliador, Confortador, Utopista	Da perda, da separação e da aniquilação.	Manter o equilíbrio interior e a paz de espírito.	"Você estará num bom caminho se todos que o rodeiam estiverem bem."	Ação correta.

Mais uma vez, é importante lembrar que meu objetivo com este livro não é que você entenda completamente o Eneagrama. Meu objetivo é que você conheça a sua personalidade e, por meio das técnicas do Eneamind, consiga fazer as mudanças necessárias.

Mais uma vez, você não *é* uma personalidade. Você se tornou uma personalidade, e o que ela mostra são as suas imperfeições.

A partir do momento que tem esse conhecimento, você poderá trabalhar para desenvolver os traços mais positivos da sua personalidade dominante e evitar os mais negativos.

Além disso, quando passa a conhecer os seus medos fundamentais, você pode enfrentá-los de modo mais consciente e com mais preparo, para buscar a melhor versão de si mesmo.

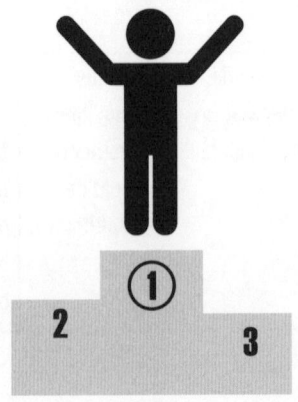

Capítulo 6

COMO COMEÇAR A TRANSFORMAÇÃO

Agora, para começar a sua transformação, você vai entrar em contato com os três princípios do Eneamind. Porém, a primeira coisa que você precisa entender é que não basta aprender tudo isso que você aprendeu se não colocar nada em prática.

Os seus paradigmas o dominam há muito tempo e, se você realmente quiser mudá-los para transformar a sua vida, precisa fazer isso no dia a dia, o tempo todo, desde a hora em que acorda até a hora de ir dormir.

Um dos maiores erros que as pessoas cometem é achar que porque leram algo uma vez já sabem e pronto. Não. Você precisa estar vigilante.

A nossa vida e o nosso destino são moldados nos momentos de decisão. Quando você precisa escolher fazer ou não uma viagem, o seu destino está sendo moldado. Você pode escolher ir e, no caminho, sofrer um acidente e morrer; ou pode escolher ficar em casa em segurança. Mas também pode acontecer de ir e viver momentos incríveis e não ir e ter um acidente em casa. Você não tem poder sobre o que vai acontecer, apenas sobre a sua escolha.

E, no momento em que toma uma decisão, seu destino está sendo traçado.

No entanto, as suas decisões são tomadas de acordo com a sua personalidade. Logo, é a sua personalidade que dita o seu destino e os resultados que você tem hoje.

E a sua personalidade é moldada pelos seus paradigmas. Então, quando você muda os paradigmas, passa a operar num nível mais elevado da sua personalidade, e com isso tem melhores resultados.

"O tipo em si não diz nada da história, da inteligência, do talento, da honestidade, da integridade, do caráter da pessoa nem muitos outros fatores referentes a ela. Por outro lado, ele nos diz muita coisa acerca da *forma como vemos o mundo, nossas escolhas mais prováveis, nossos valores, nossas motivações, nossas reações, nosso comportamento em situações de estresse* e várias outras coisas importantes."

(RISO; HUDSON, 1999, p. 27, grifo meu)

Por isso é importante entender a sua personalidade. Vai fazer uma grande diferença na sua vida saber a qual grupo você pertence e se dedicar a entender isso. Essa é uma informação que tem o poder de mudar toda a sua vida, porque, a partir de então, no momento em que for tomar uma decisão, você vai pensar: "Espera aí, eu estou respondendo a essa situação ou reagindo? Eu estou consciente ou reagindo à minha programação mental?".

Hoje, o que você pensa sobre dinheiro, amor, sexo e sexualidade, tudo o que você acredita sobre Deus, foi colocado em sua mente. Tudo o que você acredita sobre si mesmo pode ser um monte de mentiras, um teatro mental que você criou e se tornou um padrão, mas é uma criação da sua mente.

> **SUA PERSONALIDADE REFLETE AQUILO EM QUE VOCÊ ACREDITA, DEFENDE, TEME OU BUSCA. DITA QUEM VOCÊ É, O QUE FAZ, POR QUE FAZ, DO QUE TEM MEDO E POR QUE TEM MEDO.**

Ela dita tudo sobre você. E, sim, é como você é e sempre vai ser. Mas você pode trabalhar para elevá-la, para operar em um nível mais evoluído da mesma personalidade.

> **COMO JÁ VIMOS, A SUA PERSONALIDADE DETERMINA SEUS MEDOS, ELA É A MANIFESTAÇÃO DE SEUS PARADIGMAS.**

E é ela também que cria a sua barreira do terror. Quando você vai fazer algo que está fora dos seus hábitos, sua personalidade não deixa. Ou quando tem que tomar uma decisão que vai contra o seu padrão, você renuncia.

Você precisa elevar o seu nível de consciência e para isso precisa usar as suas faculdades mentais. São elas que vão lhe levar para um outro nível.

Mas, antes de passarmos para o entendimento das faculdades mentais, você precisa estar consciente dos três princípios do Eneamind. De agora em diante, eles precisam estar presentes o tempo todo na sua vida.

1. LEMBRAR

Pare de viver como um robô! Você precisa estar presente, com a percepção alerta e consciente. E você não vai conseguir fazer isso se não se *lembrar* do que precisa fazer.

2. OBSERVAR

A prática da auto-observação é adquirida por meio do autoconhecimento. Você precisa começar a observar as suas atitudes. Pergunte-se: "Estou agindo ou reagindo? Como estou dirigindo a minha vida? Como estou tratando minha esposa, meu marido, meus filhos? E a mim mesmo?".

3. QUESTIONAR

Questionar é buscar a compreensão do significado das próprias experiências.

Por que isso? O que isso significa? Por que isso aconteceu?

A partir do momento que você começa a questionar, você pode voltar ao passado e ressignificar muita coisa. Se você ainda guarda em si raiva ou mágoa do seu pai ou da sua mãe, por exemplo, agora já tem ferramentas suficientes para voltar ao passado e entender que eles agiram de forma automática. Não foi consciente o que fizeram. Interprete o significado daquilo que lhe aconteceu e entenda como você age hoje na sociedade. Isso vai lhe dar um espelho através do qual verá a si mesmo.

Capítulo 7

ENTENDENDO AS FACULDADES MENTAIS

Você já entendeu que os seus paradigmas foram implantados em você por meio dos cinco sentidos.

Nossos sentidos são o modo como experimentamos o mundo físico. Mas eles não nos servem para experimentarmos o mundo mental e espiritual.

Para isso temos as faculdades mentais. São elas que nos permitem acessar o mundo invisível, que os cinco sentidos não alcançam.

Vamos agora conhecer nossas faculdades mentais.

Imaginação

Algum dia você já parou para refletir sobre a capacidade de pensar? A imaginação é um dom, um presente de Deus. Foi o dom que Deus usou para criar tudo o que existe, inclusive nós. E ele nos presenteou com esse mesmo dom. A imaginação é o que nos aproxima de Deus.

Imaginar é o dom de criar. A imaginação dá ao espírito que está dentro de nós grandes experiências físicas. Ela nos possibilita criar cenários em nossa mente. Por isso sempre devemos começar qualquer coisa tendo um objetivo em mente.

É APENAS POR MEIO DA **IMAGINAÇÃO** QUE VOCÊ VAI CRIAR **COISAS NOVAS** NA SUA VIDA.

@marcos.trombetta
ENEAMIND

Memória

A primeira coisa que temos que desmitificar é a ideia de que existe uma "memória ruim". Não existe memória ruim. O que existe é memória fraca, pouco usada.

A sua memória é boa e funciona perfeitamente. Do contrário, já imaginou como seria a sua vida? Já imaginou todos os dias ter que reaprender as coisas básicas, como escovar os dentes, fazer suas necessidades no vaso, amarrar o cadarço? Imagine como seria se todos os dias você tivesse que aprender a falar, andar, dirigir, cozinhar.

Sabe por que as coisas não são assim? Porque tudo isso está na sua memória.

E muitas vezes você não se dá conta da importância que a memória tem na sua vida.

Sim, sua memória é perfeita, e quanto mais você a utiliza, mais fácil fica.

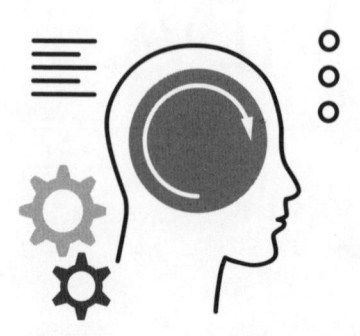

Força de vontade

Essa é uma das faculdades que mais me encantam. Sem força de vontade, nenhuma das outras faculdades funciona.

Quantas vezes você desistiu das coisas? Pensou que "seria bom se...", mas não fez nada para que isso que pensou acontecesse.

O que faltou foi força de vontade.

Quando o presidente dos Estados Unidos perguntou ao engenheiro da NASA: "O que é necessário para construirmos um foguete que leve o homem à Lua e o traga de volta são e salvo?", o cientista respondeu: "Força de vontade".

> **TUDO O QUE VOCÊ PRECISA PARA MUDAR SUA VIDA É ISTO: VONTADE.**

Sem força de vontade, você é quase um vegetal, não faz mais nada.

Percepção

Percepção é o modo como você vê as coisas. Para desenvolver a sua percepção, você deve estar presente, alerta, e desenvolver sua capacidade de análise.

Mas entenda: percepção é algo muito pessoal. Se eu vejo um número 6 desenhando no chão e você está na minha frente, não verá o mesmo 6. Em vez disso, verá um 9.

Então, a percepção tem a ver com pontos de vista.

Intuição

Quando você ora, você fala com Deus. Mas você sabe como Ele responde?

É pela sua intuição.

Intuição é quando você ouve o que Deus está lhe dizendo. É uma voz que você sabe que existe, pois ela fala com você, o direciona. No entanto, você muitas vezes não dá a ela a devida importância.

Razão

Razão é a faculdade mental que faz você estudar este livro e decidir se vai ou não aplicar o que está aprendendo aqui.

É a nossa capacidade de pensar e decidir. E deveria ser o que guia nossas decisões, se não agíssemos a maior parte de tempo como robôs programados pela nossa emoção.

Capítulo 8

O PROCESSO DE TRANSFORMAÇÃO

Chegamos a um ponto em que você já tem quase todos os conhecimentos necessários para transformar os seus resultados e a sua vida. A partir de agora vou orientá-lo a como colocar tudo isso em prática.

Vou propor tarefas e exercícios para que você comece a mudar a sua vida.

> **MAS ATENÇÃO: MUDAR OS SEUS PARADIGMAS NÃO É UMA TAREFA FÁCIL.**

Envolve mudar quem você é e transformar crenças profundamente enraizadas no seu ser.

Não é tão simples, mas também não é impossível. No entanto, se você não tiver disciplina, não vai conseguir chegar a lugar algum.

Hoje você faz tudo no piloto automático e, a partir do momento em que começar a tomar atitudes fora dos padrões a que está habituado, os seus paradigmas vão estranhar o que você está fazendo e vão tentar trazê-lo de volta ao caminho que sempre seguiu.

Antes de lhe ensinar os quatro passos para mudança de paradigmas, porém, precisamos esclarecer o que é propósito, objetivo, visão e metas.

Propósito, objetivos, visão e metas

Muita gente confunde essas quatro palavras e até as usa como sinônimos. Mas o fato é que propósito, objetivos, visão e metas não são a mesma coisa.

O **propósito** de tudo o que fazemos está ligado a um sentimento.

O **objetivo** é a conquista que vai nos possibilitar vivenciar aquele sentimento.

Em seguida, precisamos ter a **visão** do todo, do que precisa ser feito para conquistar o objetivo. Por fim, as **metas** são as pequenas ações práticas que nos levarão até lá.

Para você entender melhor, vou dar um exemplo real que aconteceu comigo.

Quando meu afilhado nasceu, decidi ir a Curitiba para conhecê-lo.

O propósito da minha viagem era *sentir a alegria* de pegar o meu afilhado no colo. O objetivo era chegar até a casa dos meus compadres em Curitiba. Neste meu exemplo, a visão era uma ideia geral da rota da viagem toda, o mapa do caminho mesmo. E as metas eram cada cidade.

Chegar a Curitiba não podia ser uma meta, porque havia muitos outros pontos no caminho. Então, chegar na casa dos meus compadres era o objetivo. E, nesse percurso, cada cidade era uma meta diferente.

Minha primeira meta era sair de Ametista do Sul, onde moro, e chegar a Planalto.

> **LOGO PODEMOS DIZER QUE, QUANDO VOCÊ BATE METAS ESTABELECIDAS DE ACORDO COM UMA VISÃO, CONQUISTA SEU OBJETIVO E REALIZA O SEU PROPÓSITO.**

Essa é uma compreensão importante, pois daqui para a frente usaremos muito esses termos.

Os 4 passos do processo de transformação

Primeiro passo: *Saber o resultado que quer*

Por mais simples e óbvio que isso pareça, não se engane. As pessoas não sabem o que querem e por isso têm repetidamente o resultado que está programado em sua mente.

Quando elas ousam querer alguma coisa, não sabem o que fazer para conquistar esse desejo.

Então, a primeira coisa que precisa ficar clara é o resultado que você quer. Lembra o seu "jeito X" de agir? Ele sempre traz um resultado X. E é esse resultado que você deve mudar primeiro.

A quantia que você tem hoje no banco não é o resultado que você quer, então não tem que olhar o seu extrato para definir o seu resultado. Em vez disso, escolha o resultado e então vamos criar uma imagem clara dele.

Segundo passo: *Criar uma imagem clara do seu objetivo*

Você já sabe que a nossa mente trabalha com imagens. Então, para mudar seus resultados, depois que definir o seu objetivo, você deve criar uma imagem clara dele em sua mente.

Agora que você já sabe o que quer conquistar, crie uma imagem disso no seu consciente.

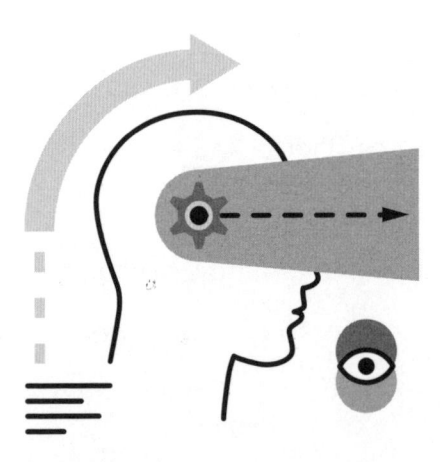

Terceiro passo: *Fixar essa imagem na sua mente*

Quando a nossa programação mental se formou, ela começou pelo subconsciente e depois dominou o consciente.

Agora, para reprogramar a nossa mente, temos que fazer o processo contrário. Vamos usar o consciente, que tem a capacidade de criar, para reprogramar o subconsciente.

Para isso, você não deve ter outro pensamento além do seu objetivo. Pense nele o tempo todo. Evoque a imagem que você criou a todo momento. Visualize. Saiba exatamente o que você quer.

Quarto passo: *Associar uma emoção ao resultado desejado*

Por fim, quando você estiver pensando no seu objetivo, imagine que se concretizou. Não pense como algo no futuro, que ainda poderá acontecer. Em vez disso, sinta como se já fosse real. Viva na casa que quer comprar, dirija o carro que quer ter. Coloque emoção no que você está vivendo, porque o seu subconsciente só entende de emoção.

O seu paradigma é a emoção que você sente com relação às imagens que tem na mente. Se você mantiver a sua imagem no consciente, mas não tiver nenhuma emoção associada a ela, ou se tiver emoção de medo, sentimento de dúvida, não vai conseguir materializar seu objetivo. Você precisa ter uma sensação de prazer, a certeza de que vai conquistar o que deseja.

E deve fazer isso todos os dias, porque assim começa a colocar no seu subconsciente essa emoção, esse desejo. Sempre que pensar nessa imagem, vai despertar na mente uma emoção, e essa emoção vai começar a despertar no seu corpo um desejo de agir, de ir em busca dessa nova vida.

Apenas não se esqueça de que, ao entrar em ação, você vai encontrar a sua já conhecida barreira do terror. Mas agora você já conhece os seus medos fundamentais e já pode dizer a si mesmo que tudo vai ficar bem, que pode superar essa barreira e conquistar o que quer.

Capítulo 9

A VIDA PERFEITA

Agora eu quero que você faça um exercício que vai lhe ajudar a descobrir exatamente o que quer.

Eu fiz esse mesmo exercício em 2010, quando comecei meus estudos sobre a ciência para ficar rico, o poder das nossas crenças, a Lei da Atração e como a nossa mente cria a nossa realidade. Posso afirmar sem nenhuma hesitação: foi uma das experiências mais libertadoras da minha vida!

Essa é a minha estratégia favorita até hoje. Ela é muito poderosa, por isso lhe peço que leve esse exercício muito a sério.

Pegue duas folhas de papel. No topo de uma delas, bem no alto, escreva a letra A, e, na outra, escreva a letra B.

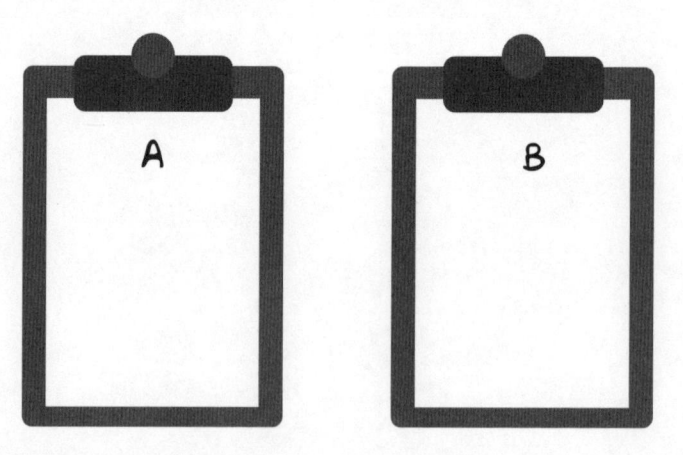

Vamos começar pela folha A. Escreva nela exatamente como está a sua vida hoje. Se a sua vida não está boa, desabafe, xingue, vá à forra nessa folha. É para limpar o seu coração mesmo. Você pode escrever qualquer coisa, sem julgamento.

Escreva tudo o que você vive hoje e não gosta. Reclame dos vizinhos, da casa, do seu salário, do trabalho, do chefe, do marido, da esposa, dos filhos, da sogra, do cachorro, do gato, do papagaio e do periquito.

O importante é que você seja detalhista, mesmo que goste da vida que leva hoje. Descreva tudo nos mínimos detalhes. Quanto você ganha, que tipo de roupa veste, como é a sua casa, com o que você trabalha, quantas vezes você tira férias por ano. Diga se gosta do que faz, se mudaria de profissão. Não economize nada.

O único objetivo desse exercício é uma tomada de consciência. Você precisa saber exatamente em que ponto está na sua vida hoje.

Depois que terminar, passe para a folha B. Nela, você vai escrever em mínimos detalhes como seria a sua vida se ela fosse perfeita. Mas preste atenção. Existem algumas regras aqui!

Você vai começar escrevendo assim: "Eu hoje estou tão feliz e agradecido, porque..." e tudo o que vier depois disso, escreva no presente!

Seja detalhista, não tenha pressa nem preguiça. Escreva todos os detalhes sobre todas as áreas da vida: financeira, saúde, relacionamentos, família, amigos etc.

Algumas pessoas tiram uma semana ou semanas para concluir esse exercício. Leve o tempo que precisar. O importante é que, ao fim, você tenha uma descrição precisa de como seria a sua vida perfeita.

Depois que terminar, você vai pegar a folha A e vai rasgar. Se puder queimar, é ainda melhor. Ela serviu para você saber onde está, mas não deve perder nem mais um minuto com ela, porque a partir de hoje você vai focar na imagem da sua vida perfeita.

Pelos próximos 90 dias, ao acordar e antes de se deitar, você vai ler o conteúdo dessa folha com a descrição da sua vida perfeita. Todos os dias! Seus esforços serão para impregnar isso na sua mente. Assim, você vai saber exatamente o que quer e vai alimentar seu inconsciente apenas com imagens daquilo que deseja.

Essa é uma forma consciente de reprogramar a sua mente.

Antes de começar a leitura, conecte-se com um sentimento de alegria e gratidão. E enquanto estiver lendo (de preferência em voz alta), sinta que tudo isso já é real. Lembre-se de um momento de vitória e alegria.

É um exercício simples, mas que exige perseverança. É só para quem quer mudar a vida de verdade.

Como encontrar a felicidade na sua vida

Você pode ter vários objetivos na vida, mas eles são apenas uma forma de chegar ao propósito maior, que envolve um sentimento.

E, no fundo, o que todo mundo quer é se sentir importante, livre e feliz.

Quando você deseja um carro, a sua aspiração na verdade é o que vai sentir quando o tiver.

O *sentimento* é o verdadeiro propósito.

Mas como descobrir o que você realmente quer? Como saber quais são os seus desejos mais ardentes? Simples! Descubra o que faria você se sentir importante e livre!

Entenda que, para ser importante, você não precisa ser presidente do país nem ser amado por um monte de gente que você não conhece. Ser importante é significar alguma coisa para as pessoas que você ama.

Agora quero propor mais um exercício. Desta vez é para você descobrir o que quer. Para começar, pegue papel e caneta e escreva uma lista com tudo o que você *não gosta* em sua vida, com riqueza de detalhes.

Depois, para cada coisa que você listou, pense: o que isso faz você *sentir*?

Você tem que entender que essas são as coisas que lhe fazem infeliz. E que, muitas vezes, ser feliz é simplesmente eliminar a infelicidade. Se você não gosta de alguma coisa na sua vida, não é obrigado a fazê-la. Mesmo que acredite que é.

Ser feliz não é ser rico, ter um monte de dinheiro. "Ah, mas eu quero ser rico", você pode me dizer. Tudo bem, você pode querer. Mas não é isso que vai torná-lo feliz. Você vai encontrar a felicidade na sua vida quando tirar dela as coisas que o fazem infeliz.

O segredo sempre será *como você quer se sentir*.

"A maior felicidade é conhecer a fonte da infelicidade."

– Dostoiévski

No dia que você descobrir o que o deixa infeliz, poderá transformar a sua vida. A sua barriga o torna infeliz? Faça uma dieta. Só que dessa vez, não faça para emagrecer, e sim para se sentir bem consigo mesmo.

Você pode ficar extremamente rico fazendo qualquer coisa, desde que essa coisa lhe faça se sentir importante e livre.

Capítulo 10

A FÓRMULA DA CRIAÇÃO

Agora você já sabe como é a sua vida perfeita e já sabe também o que o deixará feliz. Vamos então descobrir como transformar algo que está apenas na sua mente, que é apenas um sonho, em algo concreto.

Tudo o que existe e que foi feito pelo homem segue exatamente o processo que vou descrever aqui.

A FÓRMULA DA CRIAÇÃO

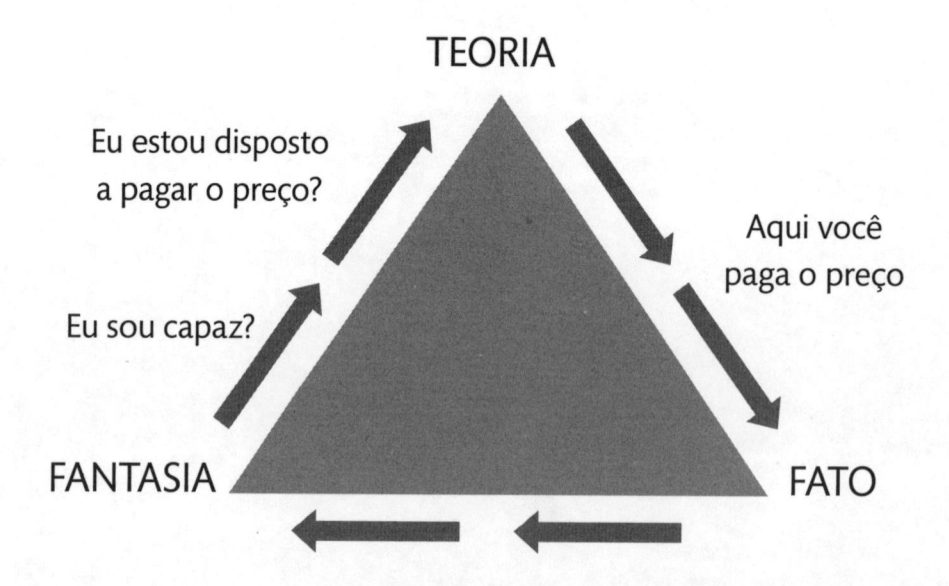

```
                    TEORIA

  Eu estou disposto
  a pagar o preço?
                                      Aqui você
                                      paga o preço
  Eu sou capaz?

  FANTASIA                              FATO
```

Tudo começa com uma fantasia, aquilo que está apenas na sua mente. Quando Guglielmo Marconi, inventor do primeiro sistema de telegrafia sem fios, disse aos amigos que tinha encontrado uma forma de enviar a voz pelo ar, eles acharam que ele havia enlouquecido. A invenção do avião foi uma baita de uma fantasia. Voar, naquela época, era algo impensável.

O que você quer alcançar na sua vida está distante de tudo o que tem hoje. Então, provavelmente vai parecer uma fantasia. Se as pessoas disserem que você está vivendo num mundo utópico ou se você mesmo acredita nisso, meus parabéns! Você já está dando o primeiro passo para a realização dos seus objetivos.

Depois que tiver a fantasia, você vai se fazer a seguinte pergunta:

"Eu sou capaz?"

Eu sou capaz de fazer isso, de realizar o que está na minha cabeça? E a resposta sempre será um enfático SIM!

Você tem que acreditar em si. Precisa ter a certeza de que pode conquistar tudo o que deseja.

Em seguida, você se fará mais uma pergunta: "Eu estou disposto a pagar o preço?".

E é aqui que, na maioria das vezes, os grandes sonhos morrem. Porque as pessoas não estão dispostas a pagar o preço.

Pagar o preço muitas vezes é enfrentar as críticas, deixar o certo pelo duvidoso, começar algo novo. Mas, acima de tudo, pagar o preço é enfrentar os próprios medos. É estar preparado para cair e levantar quantas vezes forem necessárias.

E somente você vai poder responder se está disposto a pagar o preço, que às vezes é bem alto e exige bastante esforço. Mas, se responder que sim, que irá até o fim, terá dado mais um passo na fórmula da criação. E então você terá uma *teoria*.

> **A TEORIA É UMA FANTASIA APOIADA NA HIPÓTESE DE QUE VOCÊ É CAPAZ E DE QUE ESTÁ DISPOSTO A REALIZAR O SEU INTENTO.**

Você vai dizer para si mesmo: "Eu sou capaz de fazer isso e vou provar que isso é real".

A partir do momento em que a teoria existe, você passa para a próxima etapa, que é pagar o preço.

Você deve fazer o que tem que ser feito, correr atrás dos seus objetivos. Precisa se esforçar. Esse é o momento em que seu objetivo sai da sua mente e começa a entrar no campo de ação. É o momento de agir.

Quando você age e enfrenta seus medos, traz para a sua vida o *fato*, que é quando a fantasia se torna realidade.

E então você decide aumentar o sonho e recomeça o ciclo, criando uma nova fantasia.

Os três passos da criação

Passo 1: *Idealização*

Idealizar é ter em mente uma ideia do que você quer. Não precisa ser perfeita e precisa, basta que seja um esboço, um padrão. Crie uma ideia de como será a sua vida, que tipo de carro quer ter, com o quer trabalhar. Pense em como seria a vida ideal.

Quando eu estava no garimpo, a idealização que eu tinha era que queria trabalhar num escritório, com roupa social e uma cadeira giratória. Era isso que eu pensava. Eu também sabia que queria que as pessoas viessem me procurar, e não eu que tivesse que correr atrás das pessoas. Essa era a minha idealização, mesmo sem ter certeza absoluta do que queria naquele momento.

Comece pela ideia e, pouco a pouco, ela vai ficando mais nítida, até que se torna uma imagem clara.

Passo 2: *Visualização*

A partir do momento que você tiver uma imagem clara, começara a visualizá-la em sua mente.

Encontre uma imagem que defina perfeitamente o seu objetivo desejado. Se precisar, tire uma foto!

A imagem vai fazer com que você mantenha o foco no que você quer na vida.

Olhe para essa imagem e imagine como você se sentirá quando ela já for realidade.

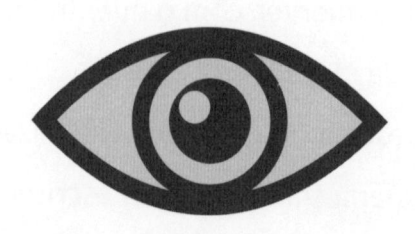

SINTA COMO SE JÁ FOSSE **REAL.**

O SENTIMENTO É O SEGREDO.

@marcos.trombetta
ENEAMIND

Passo 3: *Materialização*

Este passo envolve as suas atitudes, as coisas que você vai *fazer* para conquistar os seus objetivos.

Para começar, pense em três ações que pode tomar agora mesmo e aplique ao menos uma imediatamente.

As ações podem ser simples, como dar um telefonema, mandar um e-mail, ir falar com alguém, visitar algum lugar, se inscrever num treinamento. O que importa é entrar em ação.

> **A CONQUISTA DE UM GRANDE OBJETIVO É FORMADA PELA COMBINAÇÃO DE PEQUENAS AÇÕES.**

Tudo o que você tem que fazer é pagar o preço. Comece o mais rápido possível!

Capítulo 11

PSICOCIBERNÉTICA

Por mais determinado que você esteja em mudar de vida, pode ser que acabe experimentando um efeito sanfona do fracasso. Sabe quando você sente que dá dois passos para a frente e um para trás e está sempre regredindo depois das suas conquistas?

Por que isso acontece?

Se aprendemos tudo o que aprendemos, começamos projetos e nos determinamos a conquistar objetivos, por que não vamos até o fim? Por que não insistimos?

A resposta é a psicocibernética.

Tenho certeza de que você nunca imaginou que seria essa a explicação. Quando falamos em "cibernético" a imagem que vem à nossa mente é a de um robô. Mas o que guia o robô? Um sistema operacional. Um sistema cibernético.

A palavra cibernética vem do grego e significa "a arte de guiar".

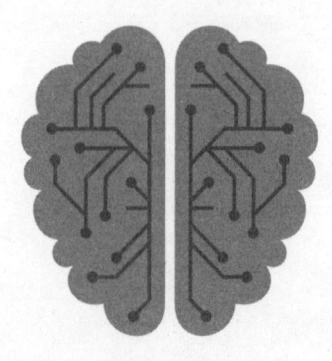

Um sistema cibernético tem como função manter o objeto guiado na direção certa, fazendo as correções de direção para que o objetivo pré-determinado seja conquistado.

> **ENTÃO O QUE SÃO OS NOSSOS PARADIGMAS SE NÃO UM SISTEMA CIBERNÉTICO? FOMOS PROGRAMADOS PELOS CINCO SENTIDOS PARA CONQUISTAR SEMPRE OS MESMOS RESULTADOS.**

Pense num avião. Quando decola de um aeroporto para outro, traça uma rota até onde deve chegar. Acontece que 95% do tempo o avião sai dessa rota. E cada vez que isso acontece, o piloto automático, que é o sistema cibernético do avião, corrige as variações para trazê-lo de volta para a rota e levá-lo ao destino.

Nos humanos o sistema cibernético é a programação mental. E é ela que nos impede de crescer.

Ela funciona como o termostato do ar-condicionado. Quando você liga o aparelho e programa a temperatura, o termostato assume o controle. Assim que a temperatura programada é alcançada, o termostato desarma o sistema de refrigeração.

Assim também é a nossa programação mental. Quando começamos a sair da rota, ela nos puxa de volta.

E qual é o destino para onde ela quer lhe levar? Para a *autoimagem* que você criou.

Autoimagem

Autoimagem é uma descrição de si mesmo, segundo a sua percepção, e ela condiz com a sua personalidade. "Sou confiante, medroso, empreendedor, corajoso."

Pense em uma pessoa acima do peso. A autoimagem dela é de uma pessoa gorda. Se você lhe pedir que descreva sua autoimagem, ela vai apresentar exatamente aquilo que vê no espelho.

Essa é uma informação que está impregnada no subconsciente e nas células dela e que se torna seu sistema cibernético.

Agora vamos imaginar que, por um motivo qualquer, essa pessoa decida que quer emagrecer e transformar o seu corpo.

A primeira coisa que precisa fazer é criar outra imagem em sua mente: a de uma pessoa bem magrinha, sarada, que malha muito.

Ela cria essa fantasia e decide que, a partir de agora, é nessa pessoa que vai se transformar. Então usa a imaginação e começa a se visualizar desse jeito. Traça objetivos e metas. E decide: "Vou fazer o que tem que ser feito."

Qual é a primeira coisa que ela faz? Procura uma nutricionista, que traça um plano alimentar específico para ela. Então, ela começa a seguir o plano e caminhar em direção ao seu objetivo.

A segunda coisa que faz é se inscrever numa academia e começar a malhar todos os dias.

Em pouco tempo, o resultado começa a aparecer.

Um mês depois, ela se olha no espelho e diz: "Uau, como estou linda!".

Só que isso é na mente racional, no consciente. Porque mais fundo na mente, no subconsciente dela, começa a apitar um alarme de perigo. É como se o sistema psicocibernético gritasse: "Fora da rota! Fora da rota! Essa não é quem nós somos! Precisamos voltar!".

E sabe por que isso acontece? Porque essa não é a autoimagem que ela tem gravada na sua programação. Ainda não é assim que ela se vê de verdade.

Quando ela se olha no espelho e vê que emagreceu 10 quilos, esse sistema psicocibernético, de forma inconsciente, começa a sabotá-la.

É daí que surge o efeito sanfona.

O que acontece depois? Chega uma sexta-feira e os amigos, acostumados a saírem com ela para a pizzaria e já com saudades dela, que anda sumida, ligam e a convidam para sair.

O primeiro pensamento dela é: "Não, eu tenho um objetivo. Quero bater minha meta". Só que o sistema cibernético intervém e diz: "Espera aí! Você já perdeu 10 quilos. Merece uma pizza!".

Então ela cede: "É verdade! Hoje eu vou. Afinal, faz um mês que não como uma pizza e ninguém precisa se torturar também". Ela aceita o convite dos amigos e vai à pizzaria. Aí quando chega lá, pensa: "Bom, eu já estou aqui mesmo, e pizza não combina com água, né? Hoje eu vou me permitir tomar um refrigerante". E assim ela toma dois litros de coca-cola.

No sábado de manhã, ela acorda com um pouco de culpa, mas se olha no espelho e ainda está bem, então tudo certo. É aí que um amigo liga para ela a chamando para uma festa de aniversário. Ele vai dar um churrasco, com cerveja, bolo, doces...

Ela pensa: "Não, espera aí, você já exagerou ontem. Melhor voltar para a linha". E o cibernético intervém de novo: "Ei, mas você já emagreceu 10 quilos. Você pode ir, sim!". Então ela vai.

Quando chega lá, ela olha para a cerveja e pensa: "Puxa, faz 30 dias que não tomo uma cerveja gelada". E o cibernético: "Claro que você pode tomar. Você merece!".

No início da semana, quando ela se pesa, vê que recuperou 3 quilos. Mas você acha que o sistema psicobernético vai dar bola para isso? Claro que não. Ele está olhando para os 7 quilos que ainda precisa recuperar para ela voltar a ser quem ele acredita que é.

E ele vai dando pequenos golpes nela, até que ela se enche e diz: "Quer saber? Estou querendo enganar a quem? Sempre fui gordinha e não vou ficar me sacrificando por ninguém. Quem quiser que me aceite assim".

E então ela volta para o padrão. O sistema psicocibernético, a programação, venceu de novo.

Isso vale para tudo. Se você se vê como pobre, vai ser pobre a vida toda. Se você se vê como sofredor, vai ser sofredor a vida toda.

> **O QUE VOCÊ DIZ E AFIRMA SOBRE SI MESMO VAI SE TORNAR A SUA REALIDADE.**

Por que tanta gente traça os objetivos e não bate as metas? Porque não se vê possuidor daquela meta. Ou até se vê, mas não acredita que é capaz de batalhar por tempo suficiente para conquistar aquilo. Não consegue reprogramar seu sistema.

Então qual é a solução?

Construindo sua nova autoimagem

Agora você já entendeu que a única coisa que o separa dos seus sonhos, da vida que quer ter e dos seus objetivos, é a sua autoimagem, a crença que você tem sobre quem é, aquilo que acredita que pode ou não fazer.

Por isso, a partir de agora, você precisa construir uma nova autoimagem, com base naquilo que quer ser, e, mais do que isso, precisa acreditar que já é assim.

Existe uma diferença entre acreditar que já é e pensar que está construindo sua nova autoimagem. Seu subconsciente não sabe a diferença entre realidade e ilusão, nem conhece passado ou futuro. Tudo o que ele conhece é o presente. Então, se você pensa que "está caminhando" para sua nova autoimagem, a mensagem que está passado para ele, no fim das contas, é: "Não sou essa pessoa".

Por isso, viva como se já fosse, finja, aja como se estivesse num teatro interpretando a pessoa que quer ser.

Aos poucos essa autoimagem se cristaliza na sua mente e vai se tornar a sua realidade.

Uma das melhores formas de mudar a sua autoimagem é por meio da modelagem.

Comece a pensar nas pessoas que você admira. Quais características delas você gostaria de ter? Concentre-se nelas para impregná-las em sua mente. Assim, as suas células-espelho começarão a criar essas características em você também.

> **VOCÊ TEM QUE COLOCAR A IDEIA FIXA NA SUA MENTE E DEPOIS TRABALHAR DE FORMA CONSCIENTE PARA DESENVOLVER AS CARACTERÍSTICAS QUE QUER.**

Observe essas pessoas que admira e imite-as no jeito de se vestir, de falar, frequente os mesmo lugares, faça os mesmos cursos, leia os mesmos livros.

Outro ponto importante é pensar na sua personalidade. Quais características você tem que estão lhe prejudicando hoje? O que você gostaria de mudar em si mesmo?

Eu, por exemplo, era muito tímido, meu português era limitado, não sabia me vestir, era agressivo e brigava por qualquer motivo. Essas eram características minhas que eu precisava mudar. Para isso, precisei começar modelando pessoas que eram quem eu queria ser.

Quem se vestia bem? Escolhi um modelo e passei a me vestir como ele.

Quem falava bem? Escolhi alguém e passei a falar como ele.

Também precisei arriscar coisas novas, como gravar vídeos. Então modelei os vídeos de pessoas que eu gostava.

Que características você precisa desenvolver hoje para se tornar a sua nova autoimagem? O que você gostaria de fazer que alguém que admira já faz? Essa é uma característica que você precisa desenvolver.

Se você quer aprender a falar em público, observe seu palestrante favorito e use a imaginação para se visualizar no lugar dele.

Vamos fazer um exercício. Pegue papel e caneta e reflita: Que atitudes você tem hoje que o prejudicam e o impedem de conquistar seus sonhos? Escreva todas essas características numa lista. Por exemplo: Eu sinto muito medo, sou muito teimoso, procrastino demais, tenho preguiça, sou desconfiado, não tenho autoconfiança, sou crítico demais comigo mesmo, me sinto incapaz etc.

Pense em todas as áreas da sua vida – financeira, profissional, saúde, relacionamento, família, espiritualidade etc. – e em quais características gostaria de mudar em cada uma delas.

Em seguida, ao lado de cada uma, escreva a nova característica que você deve desenvolver para substituir a antiga. Por exemplo, se você escreveu que não confia em si mesmo, escreva ao lado "ser mais autoconfiante".

Em seguida escolha qual a primeira característica que você vai começar a desenvolver a partir de hoje. Escolha alguém que admira que tenha essa característica e comece a modelar.

Comece seu trabalho de transformação hoje mesmo.

Mecanismo do sucesso x mecanismo do fracasso

O seu sistema psicocibernético pode funcionar como um mecanismo de sucesso ou de fracasso. Se ele vai ser uma coisa ou outra depende de como você programa a sua mente.

Pense numa criança aprendendo a comer. O mecanismo dela ainda não está programado para essa atividade. Nas primeiras vezes, ela vai pegar a colher e deixar a comida cair antes de levá-la à boca. A programação dela ainda é um mecanismo de fracasso.

Mas ela não desiste. Ela vai tentar 99 vezes, até que, na centésima, vai conseguir. A partir de então, toda vez que tentar, vai conseguir levar a colher à boca, sem deixar cair a comida. A atividade se torna automática. Ela ativou o mecanismo do sucesso.

> **O MECANISMO DO SUCESSO É ATIVADO ATRAVÉS DA REPETIÇÃO DE AÇÕES BEM-SUCEDIDAS.**

Isso quer dizer que o sucesso não acontece por acaso nem de primeira. Ele é o resultado da repetição, até que se torne automático.

No início, essas repetições parecem falhas. Mesmo assim, você tem que continuar insistindo, porque, se desistir, vai ativar o mecanismo do fracasso. Você vai pensar: "Ah, nem tento mais. Não consigo mesmo!".

Por meio da repetição, você pode programar a sua mente e o seu mecanismo para conseguir tudo o que quiser, desde aprender a comer, até emagrecer 30 quilos ou ganhar mais de 5 milhões por ano.

Não esqueça: seu subconsciente não sabe o que é verdade ou o que é ilusão. Para ele, tudo é real.

Por isso, a partir de hoje, você vai fazer o seguinte exercício todos os dias, de 15 a 20 minutos: Sente-se numa cadeira confortável, relaxe e comece a se visualizar como uma pessoa bem-sucedida, com boas roupas, a casa dos seus sonhos, fazendo viagens incríveis... Ou qualquer outra autoimagem que você queira construir.

Veja-se como se isso já fosse a sua realidade e, se conseguir manter a sua imaginação por tempo suficiente, então será real.

Atenção plena

Mais uma vez, é preciso enfatizar a questão da atenção e da observação.

Você foi programado para fazer a mesma coisa de novo, de novo e de novo. Isso quer dizer que, de 95% a 99% do tempo, estará agindo no piloto automático, que quer levá-lo de volta para a rota antiga.

> **SÓ EXISTE UMA FORMA DE SE MANTER NA NOVA ROTA, RUMO À SUA NOVA AUTOIMAGEM: DESLIGAR O PILOTO AUTOMÁTICO E ASSUMIR O COMANDO.**

Se você se mantiver consciente agora, vai chegar o momento em que terá reprogramado o piloto automático. E aí, quando se desviar dessa nova rota, da rota certa que você criou, ele vai trazê-lo de volta, mas agora reprogramado para o sucesso.

Só que, até lá, você tem que estar consciente. Até lá, você tem que praticar a atenção plena.

Ter atenção plena é estar "acordado", agindo de modo consciente e vigilante. Você não pode mais agir como se estivesse dormindo. Não há mais espaço para o piloto automático na sua vida – não se você realmente quiser mudá-la.

A partir de agora, você não pode mais fazer uma coisa enquanto a cabeça estiver pensando em outra. A partir do momento em que agir de forma 100% consciente, vai ficar surpreso com tudo o que vai conquistar.

Para isso, você precisa *observar, questionar e lembrar*.

LEMBRE-SE DE OBSERVAR.
LEMBRE-SE DE QUESTIONAR.
LEMBRE-SE DE LEMBRAR.

Questione quem está observando. (Quem está observando é a sua essência, seu ser maior.)

Questione quem está lembrando. (Se você está dormindo, sem consciência, quem vai lhe lembrar? É a sua essência, esse ser maior que grita, mas que hoje está completamente afogado pela sua programação.)

Questione quem está questionando. Quem está questionando é a sua antiga crença ou o seu novo ser acordado? "Ah, isso não pode ser verdade." Quem está dizendo isso: você que quer mudar ou as suas antigas crenças?

Você acreditou que existe um caminho, mas a sua antiga crença vai dizer que isso é besteira, que não funciona. Portanto, para persistir no caminho, você deve viver de forma consciente, alerta e vigilante para tudo o que acontece ao seu redor.

A vida não acontece simplesmente. É você que faz ela acontecer.

Capítulo 12

CADERNO DOS OBJETIVOS

Você agora tem em suas mãos tudo aquilo de que precisa para transformar a sua vida. Mas vai dar trabalho.

Se você tinha a ilusão de que ia ficar sentado na cadeira e as coisas iam acontecer, sinto muito, mas em que mundo você vive? Isso não existe. É justamente o ato de você se levantar da cadeira e correr atrás dos seus objetivos que faz a vida valer a pena.

Agora eu vou passar mais um exercício que vai exigir uma mudança de hábito, mas é uma mudança que tem um poder transformador.

Caderno dos 10 objetivos

Para esse exercício, você vai precisar de um caderno pequeno de espiral. Se possível, compre um novo, só para isso.

Todas as manhãs, escreva nesse caderno quais são os 10 maiores objetivos que você quer conquistar.

O ideal é que sejam objetivos para um ano, mas, se quiser, pode incluir os objetivos para 5 ou 10 anos também.

Para cada objetivo, você vai escrever uma frase afirmativa no presente, começando com a palavra "Eu".

Por exemplo: "Eu tenho um milhão de inscritos no meu canal no YouTube." "Eu tenho uma casa de 10 milhões na praia."

Note que não é no futuro. Você não deve escrever: "Eu terei uma casa na praia". E nunca use frases negativas, como "Eu não fumo mais", ou "Eu não sinto mais inveja", ou "Eu não tenho mais dívidas".

A sua mente não entende o "não". É impossível. Quer ver? Se eu disser agora para você "Não pense em um elefante rosa", você não tem como não pensar. A mente simplesmente não consegue bloquear o que vem depois do não.

Então, se você escreve a frase no negativo, está chamando atenção justamente para aquilo que você não quer.

Além disso, você também deve determinar a partir de quando seu objetivo será realidade. Um dos maiores problemas das pessoas é que elas dizem que querem as coisas, mas não dizem até quando. É imprescindível estabelecer uma data.

Por exemplo: "Eu tenho um milhão de inscritos no meu canal no YouTube a partir de janeiro de 2022".

O objetivo desse caderno é fazer com que você tenha clareza de suas metas e de seus objetivos.

Faça isso todos os dias. Ao se levantar, antes de começar o seu dia de trabalho, pegue o seu caderno e escreva 10 objetivos.

Pode ser que no início você não tenha os 10 objetivos muito claros em sua mente, e vai acabar colocando ali coisas que nem objetivos são. Não importa.

No dia seguinte, você vai virar a folha e não vai ler o que escreveu na véspera. Isso é muito importante: não leia! É por isso o caderno deve ser de espiral.

Você vai perceber que, lá pelo 20º ou 21º dia, escreverá os mesmos objetivos, na mesma ordem, quase com as mesmas palavras, mesmo sem ler os dias anteriores. Isso significa que você programou esses objetivos na sua mente.

Sabe até quando você deve fazer esse exercício? Para o resto da sua vida.

O objetivo desse caderno é ser específico e programar a sua mente pra funcionar como um radar. Você precisa programar a sua mente para um destino específico, para não viver uma vida aleatória.

E, embora seja importante ter objetivos de longo prazo, para 5 ou 10 anos, nesse caderno você deve escrever os objetivos de curto prazo, aqueles a que vai se dedicar com mais afinco nos próximos 12 meses.

Cada vez que cumprir um dos seus objetivos, coloque um novo no fim da lista.

Capítulo 13

METAS CLARAS

Você já sabe quem quer ser, já descreveu a sua vida perfeita e já tem uma lista dos 10 primeiros objetivos que quer conquistar. Agora, para que tudo isso seja possível, precisa ter metas claras.

> **O SUCESSO É FEITO DE METAS CUMPRIDAS DIARIAMENTE.**

E o que são metas? São os pequenos passos que você deve cumprir para alcançar o seu objetivo.

As metas devem sempre estabelecer uma *ação*, e não um resultado. Esse é um erro que muita gente comete. Os resultados são os objetivos. As metas são as ações que você toma para chegar ao resultado.

Imagine que uma pessoa trabalhe com vendas e queira ganhar 3 mil reais essa semana. Ganhar 3 mil reais é o *objetivo* dela.

Então o que são as metas? Tudo o que ela precisa *fazer* para ganhar os 3 mil que deseja.

Se ela precisa vender 10 produtos para chegar aos 3 mil, então vender 10 produtos é a meta. Só que ela pode ser ainda mais específica. Ela pode estabelecer que, para vender esses 10 produtos em uma semana, precisa oferecê-lo para 10 pessoas por dia.

Então, a primeira meta vai ser: oferecer o produto para 10 pessoas por dia.

Assim que bater a meta das 10 vendas, ela pode traçar um novo objetivo para a semana.

O conselho de 25 mil dólares

O que vou compartilhar com você agora é uma estratégia que tem o potencial de alavancar seus resultados em no mínimo 50%. E, ouso dizer, que você pode até mesmo dobrar os seus resultados.

Ela foi ensinada por Earl Nightingale no ano de 1963, em um treinamento chamado "Lead the Field". Ele contou que o dono de uma empresa muito bem-sucedida contratou um consultor. Durante a reunião, o consultor começou a falar o que o dono da empresa tinha que fazer, como o mercado funcionava etc. Então o dono da empresa o interrompeu e disse: "O que a nossa empresa tem que fazer nós já sabemos. Também já sabemos como vender o nosso produto. O único motivo para eu ter chamado você aqui é que quero saber como posso dobrar o faturamento da empresa. Se você não for capaz de fazer isso, nossa consultoria acabou".

Então o consultor passou para o dono da empresa o mesmo exercício que vou passar para você agora. Ele disse: "Faça isso por 30 dias e, se achar conveniente, ensine aos seus colaboradores, para que façam a mesma coisa".

O dono da empresa prometeu que, se a estratégia desse certo, o consultor seria muito bem recompensado. Um mês depois, o consultor recebeu em seu escritório um envelope com um cheque de 25 mil dólares. Se você considerar que isso foi em 1963, 25 mil dólares valia muito mais do que hoje em dia.

Essa é a estratégia mais simples, porém mais eficaz que já vi até hoje.

Todas as noites, pegue uma folha de papel e escreva nela as 6 atividades que você não pode deixar de cumprir no dia seguinte. Entre essas seis tarefas estarão as coisas mais importantes do seu dia, aquelas que você não pode deixar de fazer de jeito nenhum, e estarão, também, coisas que você não pode se esquecer de fazer, como, por exemplo, uma consulta médica, ou fazer a revisão do carro. Não é uma questão de relevância. É uma questão de necessidade.

Depois que tiver listado as tarefas, enumere-as por ordem de prioridade.

Na manhã seguinte, pegue essa folha, leia e a carregue com você. Durante todo o dia você deve trabalhar única e exclusivamente nessas seis tarefas.

Assim que chegar ao seu local de trabalho, pegue a lista, verifique a tarefa número 1 e trabalhe nela até concluí-la. Não passe para a segunda tarefa até ter terminado a primeira.

Se você passar o dia inteiro apenas nela, não tem problema, porque ela era mesmo a mais importante.

Se você concluir todas as tarefas até o meio-dia, pode estabelecer mais seis tarefas para a parte da tarde ou tirar o dia de folga, porque já fez o que tinha que fazer.

É um exercício simples, mas não é fácil. Para implementar isso na sua rotina, você precisa estar muito consciente. Mas, se conseguir, vai ver que, em cinco anos, terá conquistado mais objetivos do que a maioria das pessoas numa vida inteira.

Capítulo 14

SEIS PASSOS PARA A REALIZAÇÃO DE OBJETIVOS FINANCEIROS

No livro *Quem pensa enriquece*, Napoleon Hill revela o segredo de quem quer se tornar uma pessoa rica. Infelizmente, muita gente lê o livro e não entende o segredo. E é por isso que eu vou compartilhá-lo com você agora.

O segredo é: ter uma ideia, traçar um plano associado a um desejo ardente e entrar em ação.

Os seis passos para a materialização de objetivos financeiros

Vamos analisar estas passagens do livro de Napoleon Hill:

"Quem quiser ter sucesso em uma empreitada precisa queimar os navios e cortar as possibilidades de bater em retirada. Somente assim conseguirá manter esse estado de espírito conhecido como desejo ardente de vencer, essencial ao sucesso."

Se você quiser mesmo vencer na vida, tem que se recusar a voltar a ser a pessoa que era, a voltar a fazer o que fazia antes. Tem que traçar um plano e ir até o fim.

"Todo ser humano que atinge a idade de começar a entender para que serve o dinheiro quer tê-lo. Mas querer somente não traz riquezas. No entanto, desejar riqueza com um estado de espírito que se torne uma ideia fixa, planejar meios e modos definidos para conquistá-la e basear esses planos em uma persistência que não admita o fracasso – isso, sim, trará riquezas."

Existe uma grande diferença entre querer e desejar algo. A pessoa quando deseja, o faz com a alma, com todas as suas forças, e aquele desejo a consome. Ele tem que ser uma ideia fixa. Você tem que ter certeza absoluta de que vai ser rico e que, para isso, vai fazer o que tem que ser feito.

O método pelo qual o desejo de riquezas pode ser transformado em seu equivalente financeiro fundamenta-se em seis passos práticos e definidos:

Primeiro passo: *Fixe em sua mente a quantia exata que deseja*

Se hoje você não tem um objetivo, um propósito de vida, eu vou lhe dar um: fique rico, que o resto depois você vai resolvendo. Foque em ganhar dinheiro. Não basta dizer apenas "Eu quero muito dinheiro", determine qual é o montante que você quer.

Quando comecei a usar essas técnicas na minha vida, meu primeiro objetivo era ganhar 5 mil reais por mês. Hoje em dia, já trabalho na casa de quantos milhões quero fazer por ano. Talvez você precise começar como eu comecei, mas é importante começar de algum ponto.

Escreva quanto você quer! Tenha esse valor nítido e fixo em sua mente.

Segundo passo: *Declare exatamente o que pretende dar em troca do dinheiro que receber*

A primeira vez que li isso, não entendi muito bem. Como eu não sabia nada sobre ganhar dinheiro e tinha muitas crenças religiosas, pensei: "Claro, tem que entregar a alma pro demônio para ficar rico".

Que bobagem!

O fato é que nada nessa vida vem de graça!

Declarar o que você pretende dar em troca do dinheiro nada mais é do que dizer o que você vai fazer. Eu posso declarar, por exemplo, que no próximo ano quero faturar 5 milhões de reais com este livro. O que eu vou dar em troca: o ensinamento compilado em forma de livro.

Você pode escrever que vai conseguir seu objetivo sendo coach, empresário, palestrante, professor, vendedor etc.

Dar em troca nada mais é do que o serviço que você vai fazer.

Terceiro passo: *Estabeleça uma data definida na qual pretende possuir a importância desejada*

É a mesma coisa que definir a data dos seus objetivos no exercício do caderno. Eu gosto de trabalhar com objetivos de 12 meses.

Quarto passo: *Elabore um plano detalhado para a realização do seu desejo*

Você precisa planejar como vai alcançar o seu objetivo e começar a seguir esse plano imediatamente, mesmo que ainda não se considere em condições de colocá-lo em ação.

Lembrando: o seu propósito é ficar rico, é ter aquele dinheiro. Você vai se sentir bem quando isso acontecer. O objetivo é o montante de dinheiro que você definiu. A visão é o processo. O que você vai fazer primeiro e depois, e depois etc. Em seguida, trace metas de ações, todas as atividades que vai fazer, todos os dias, para conquistar seus objetivos.

Quinto passo: *Escreva uma declaração*

Redija um documento declarando clara e precisamente a quantia que quer conseguir, determine o prazo limite, especificando o que pretende dar em troca e descrevendo em detalhes o plano a ser posto em prática para juntar dinheiro.

Você pode fazer isso uma única vez, e recomendo que estabeleça a meta para um ano.

Se você vem fazendo todos os exercícios que propus até aqui, este quinto passo está praticamente pronto.

Sexto passo: *Leia em voz alta*

Você vai precisar ler a sua declaração em voz alta, todos os dias, duas vezes por dia. De preferência pela manhã, quando se levantar, e à noite, antes de se deitar. Enquanto lê, acredite que já tem o dinheiro em seu poder. Veja e sinta a cena.

Quando você sente que já é real, coloca essa imagem no seu subconsciente. Leia a sua declaração já com sentimento de gratidão. Respire fundo e se veja com esse dinheiro na mão.

Se você quer ficar rico, precisa treinar sua mente para isso. Do contrário, a pobreza já escolheu você. Para ser rico, tem que decidir ser rico. Para ser pobre, basta não decidir ser rico.

O cartão mágico

Agora vamos colocar a sua declaração em um cartão, que você vai carregar sempre. A função do cartão é fazer com que você mantenha o foco no seu objetivo principal.

Consiga um porta-crachá ou um porta-documentos, daqueles de plástico transparente.

Recorte uma cartolina do tamanho de um crachá e, em um dos lados, escreva seu objetivo financeiro para os próximos 12 meses, da seguinte forma:

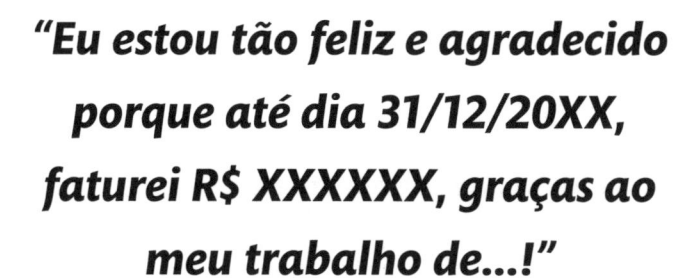

"Eu estou tão feliz e agradecido porque até dia 31/12/20XX, faturei R$ XXXXXX, graças ao meu trabalho de...!"

Agora, do outro lado do cartão, vamos usar algo com o poder mágico de transformar objetivos em realidade: a instrução de como pedir deixada pelo mestre Jesus!

Nos pergaminhos do Mar Morto, foram encontrados o que se julgam ser os manuscritos originais dos apóstolos de Jesus. Entre eles há o Pergaminho de Isaías, que tem uma instrução que Jesus deixou sobre como orar.

Quando os discípulos perguntaram a Ele como orar, ele ensinou, mas seus ensinamentos foram editados e a parte mais importante foi cortada, porque isso tira o seu poder e deixa todo o poder nas mãos da igreja.

O que Jesus ensinou foi:

"Todas as coisas que pedires, reta e diretamente de dentro do meu nome, vos serão concedidas. Até agora não fizestes isso. Pedi sem motivo oculto e rodeai-vos com a vossa resposta. Envolvei-vos com o que desejais, para que a vossa alegria seja completa."

Em primeiro lugar, o grande mestre disse "todas as coisas", então não julgue se aquilo que você colocou no seu cartão mágico é muito. Não existe muito nem pouco. Tudo são resultados. Só depende do quanto você acredita que é capaz de realizar. Quando você entender que é capaz de realizar qualquer coisa, não vai existir muito pra você.

Depois Ele fala em pedir "reta e diretamente de dentro do meu nome". Você pode pedir em nome de Jesus. E por que fazer isso? Porque dá força, principalmente se você tiver fé. Você é feito à imagem e semelhança de Deus, é um espírito poderoso. Ainda assim, é preciso reconhecer que existem espíritos mais poderosos que você, e Jesus é um deles. Se você é budista, declare em nome de Buda. Mas tenha uma força que lhe dê coragem e amplifique a sua fé.

Note também que ele fala "reta e diretamente". Ou seja, você não precisa de intermediários, não precisa da igreja. Essa parte, é claro, foi editada, para atribuir o poder de intermediário às religiões e manipular as massas.

Em seguida Ele fala de pedir "sem motivo oculto". Você não precisa justificar por que quer as coisas. Você quer e pronto, isso basta.

Ele também diz "rodeai-vos". Você tem que acreditar que o que desejo já é real. Feche os olhos e sinta como se fosse real. Jesus prossegue: "envolvei-vos", ou seja cerque-se do que você quer. Sinta o cheiro do dinheiro que vai ganhar, imagine-se comprando a casa e o carro dos seus sonhos e também todos os seus desejos, mesmo que não sejam financeiros.

> **TUDO AQUILO QUE VOCÊ DESEJA, ACREDITE QUE JÁ É REAL. MAS ACREDITE DE VERDADE, NÃO FINJA. SAIBA QUE TUDO JÁ É REAL NO MUNDO QUÂNTICO.**

Escreva essas instruções no seu cartão como um lembrete de como deve orar. Lembre-se, isso não é uma oração, é uma instrução de como orar.

Tenha esse cartão sempre com você e o leia quantas vezes forem possíveis.

Capítulo 15

A LEI DA ATRAÇÃO E A MATERIALIZAÇÃO DOS OBJETIVOS

Afinal de contas, nós atraímos ou criamos as coisas na nossa vida?

A verdade é que nós criamos a nossa realidade, mas atraímos para a nossa vida situações que favorecem a conquista de nossos objetivos.

Quando você for estudar a Lei da Atração, a primeira coisa que tem que ter em mente é que ela é uma lei secundária. O seu verdadeiro objetivo deve ser a Lei da Vibração. Tudo, inclusive nós, é feito de pura energia e toda energia vibra.

Nós, seres humanos, somos capazes de elevar nossa vibração através de nossas emoções e de nossos sentimentos, e somos capazes de elevar a vibração de nossos pensamentos através da elevação do nosso nível de consciência.

> **A LEI DA ATRAÇÃO NADA MAIS É DO QUE O PROCESSO DE MATERIALIZAÇÃO DE OBJETIVOS. TODO E QUALQUER ACONTECIMENTO EM SUA VIDA SEGUE UM PROCESSO EXATO, O QUAL CHAMAMOS DE CICLO QUÂNTICO.**

O ciclo quântico é algo que acontece primeiro no mundo invisível e depois chega ao mundo visível. Todos os acontecimentos, bons e ruins, passam por esse ciclo. Acontece que o resultado da maioria das pessoas não é o resultado desejado, porque o ciclo delas começa no ponto errado.

A operação do ciclo que pelo menos 95% das pessoas seguem é assim:

Começa nas crenças, nos paradigmas, nas suas verdades. A pessoa começa a ter sua vida regida por suas crenças. São elas que determinam o próximo passo, que são as ações. As pessoas agem de acordo com aquilo em que acreditam, mesmo sem saber que isso é uma mentira inconsciente. Essas ações as levam aos seus resultados, que não são os que elas desejam. Esses resultados geram pensamentos. Por exemplo: ela olha para o extrato bancário e começa a pensar sobre ele, que, em geral, tem dívidas, está negativo. E isso gera uma emoção na vida delas: o medo. Ela tem medo do futuro. Isso desperta um sentimento dentro dela, em geral de dúvida, de ansiedade, de incapacidade. E assim suas crenças são confirmadas. E o ciclo se fecha.

OPERAÇÃO DO CICLO

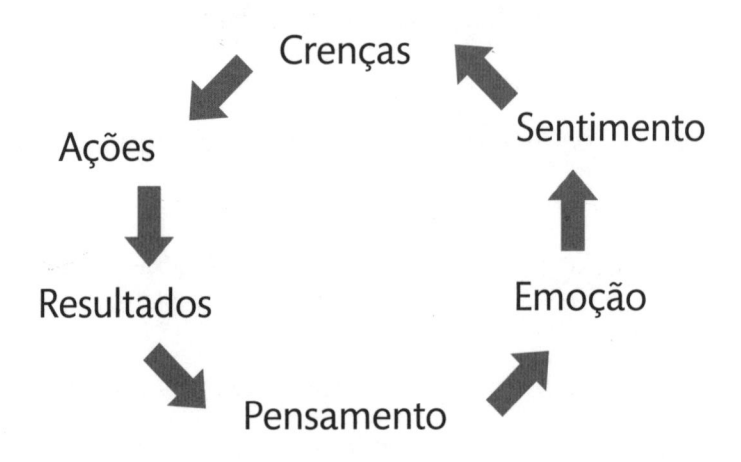

Crenças → Sentimento → Emoção → Pensamento → Resultados → Ações → Crenças

Esse é o ciclo do fracasso.

Você precisa sair dele e ir para o ciclo correto, que começa em outro ponto. É assim:

Você deve começar pelo pensamento. Deve saber o que quer. Em vez de olhar para o resultado que tem hoje, olhe para o resultado que quer conquistar. O segundo passo é a emoção. Tenha uma imagem clara para esse pensamento e a associe a uma emoção, de modo que, quando o pensamento surgir em sua mente, você desperte em si essa emoção.

Quando isso estiver no seu subconsciente, você começa a despertar o sentimento de conquistar, de ter algo melhor, e a certeza de que vai conseguir. É assim que você chega às novas crenças. Elas vão motivar as suas ações não mais nos antigos paradigmas, mas nas novas crenças que você mesmo fixou. Essas ações levarão a resultados que serão iguais ao seu pensamento inicial. E assim se fecha o ciclo do sucesso.

O CICLO CORRETO DEVE SER:

Pensamento → Resultados → Ações → Crenças → Sentimento → Emoção → Pensamento

CICLO DO SUCESSO

Agora, olhe para o resultado que você está tendo hoje e comece a refletir: ele é igual ao pensamento que você tem na mente? Se a resposta for não, se na verdade o resultado que você tem é que está gerando os pensamentos, e não os pensamentos estão gerando os resultados, é porque você está começando por suas crenças.

Se você não gosta do resultado que vê hoje, não olhe mais para ele. Em vez disso, decida o que você quer e depois se emocione, acredite, você é capaz de acreditar. Fazendo isso, vai entrar no ciclo quântico do sucesso e transformar a sua vida.

Você precisa usar esses cinco pilares na sua vida para ativar a práxis e o ciclo da manifestação do sucesso.

Primeiro pilar: O PENSAMENTO

Nós precisamos começar o processo de uso da Lei da Atração através do pensamento.

> **VOCÊ PRECISA CRIAR UMA IMAGEM FIXA NA SUA MENTE. FIXAR NA SUA MENTE A IMAGEM DAQUILO QUE VERDADEIRAMENTE DESEJA.**

Foi por isso que pedi para você escrever sua vida perfeita e traçar seu propósito, seus objetivos e suas metas, porque assim vai ter uma ideia fixa.

Segundo pilar: A EMOÇÃO

Você deve associar uma emoção ao seu pensamento. É o mesmo processo de mudança de paradigmas. Aliás, a Lei da Atração nada mais é do que o processo de mudança de paradigmas.

Terceiro pilar: SENTIMENTO DE GRATIDÃO E CERTEZA

Você deve se sentir grato como se o que deseja já fosse real e também precisa ter certeza de que vai dar certo. Assim despertará no seu corpo a vontade de fazer, que nos leva ao próximo pilar.

Quarto pilar: AÇÃO

Você vai dar os passos com o novo pensamento. Como tem certeza de que vai dar certo, vai ultrapassar a barreira do terror e assim chegará ao quinto pilar.

Quinto pilar: RECEBER

É quando você vê o seu objetivo materializado. E esse objetivo, obviamente é igual àquele pensamento com o qual você começou esse ciclo. E assim você forma o ciclo do sucesso.

Essa é a tão famosa Lei da Atração que tantas pessoas sonham aprender. Com todos os exercícios e os conhecimentos compartilhado neste livro, você vai ver que a Lei da Atração vai começar a funcionar com muito mais frequência em sua vida. E você vai perceber que, no fim das contas, a Lei da Atração se trata da lei da expansão de consciência.

Por meio da expansão de consciência, você vai elevar seu nível de vibração e, a partir disso, aumentará seu nível de confiança em si mesmo, tendo a certeza de que é capaz de conquistar qualquer objetivo que deseje.

CONCLUSÃO

Eu nunca me senti tão feliz em minha vida ao ensinar algo a alguém. Eu sinto minha missão de vida cumprida ao colocar o ponto final neste livro.

Existem mais coisas para você aprender na vida? Obviamente que sim.

A sua jornada de aprendizado é eterna, e cada vez mais as coisas vão fazer sentido para você. Eu sugiro que você dedique tempo revisando e praticando tudo o que compartilhei com você aqui. Quando esse conhecimento estiver bem sedimentado, quando você tiver aprendido (e lembre-se que aprender pressupõe colocar em prática), você pode dar os próximos passos, talvez decida estudar sobre finanças, por exemplo.

Mas outro treinamento dentro desta mesma área não será necessário para você, uma vez que internalize o conteúdo deste livro. Porque isso realmente funciona. Eu posso garantir porque são coisas que eu faço todos os dias. E depois que você fizer e perceber que a sua vida é completamente outra, você vai ficar maravilhado.

A única coisa que me resta a dizer agora é muito obrigado por me dar esse voto de confiança, e, acima de tudo, por me dar a alegria de me permitir ensinar e lhe ajudar a mudar a sua vida. É isto que faz sentido para mim: ver as pessoas se transformando.

Meu último conselho é: volte ao começo, leia de novo e pratique, pratique, pratique. Estude o Eneagrama e, se possível, leia *A sabedoria do Eneagrama*. Aprofunde-se no conhecimento da sua personalidade, não para mudá-la, mas para agir num nível muito mais evoluído dela e desenvolver também padrões positivos de outras personalidades em sua vida, para ser mais equilibrado na mente, no sentimento e na ação.

Espero que você continue por perto, lendo os próximos livros, quando eu os escrever, e participando dos treinamentos online e presenciais, ou até mesmo na minha mentoria. Acima de tudo, quero que você vença, prospere e tenha muito sucesso.

Jamais desista dos seus sonhos. Faça o que você sabe que tem que fazer e o sucesso com certeza será garantido em sua vida.

Um grande beijo no coração,
Prof. Marcos Trombetta

SOBRE O AUTOR

De garimpeiro a referência em prosperidade

Natural de uma pequena cidade do interior do Rio Grande do Sul. Filho de pai garimpeiro e mãe dona de casa. E como não podia ser diferente, durante 15 anos de minha vida, eu não passei de um simples garimpeiro de mina.

Eu trabalhava em túneis de até 500 metros de profundidade, NUNCA tive férias e nem carteira assinada. Saí da mais absoluta miséria, graduei-me em Letras, formei-me em Coaching e especializei-me em Negócios Digitais.

Hoje me tornei um grande empresário, coach com clientes ao redor do mundo. Sou autor de 5 livros, tenho mais de 30 treinamentos online voltados para a área do desenvolvimento pessoal e estratégias de enriquecimento com mais de 100 mil alunos.

Também sou professor de Inglês, palestrante e mais que isso... Eu superei muitos desafios e posso lhe AJUDAR A SUPERAR. Hoje eu sou um entendedor do PROCESSO DO SUCESSO e quero ajudar você a alcançar os resultados e as conquistas que MERECE.

MARCOS TROMBETTA é Coach, Professor, Consultor e Mentor. Seus conteúdos são sobre sucesso, desenvolvimento pessoal, conquista de objetivos e realização de sonhos.

"Minha grande paixão é ensinar e é por isso que eu faço questão de dividir tudo aquilo que sei e aprendi."

De garimpeiro a referência em prosperidade, a sua história de superação inspira alunos e seguidores a buscarem os seus sonhos. Hoje tornou-se escritor, palestrante e empresário. No YouTube, seus vídeos ensinam técnicas úteis a todos que querem obter sucesso de vida. Também fala de assuntos como a força da mente, a Lei da Atração e o poder dos pensamentos.

"MUDE SUA MENTE E MUDE A SUA VIDA."

- @marcos.trombetta
- Marcos Trombetta
- marcostrombetta.com.br

Transformação pessoal, crescimento contínuo, aprendizado com equilíbrio e consciência elevada.

Essas palavras fazem sentido para você?

Se você busca a sua evolução espiritual, acesse os nossos sites e redes sociais:

iniciados.com.br
luzdaserra.com.br
loja.luzdaserraeditora.com.br

luzdaserraonline
editoraluzdaserra

luzdaserraeditora

luzdaserra

Luz da Serra
EDITORA

Avenida 15 de Novembro, 785 – Centro
Nova Petrópolis / RS – CEP 95150-000
Fone: (54) 3281-4399 / (54) 99113-7657
E-mail: livros@luzdaserra.com.br